법의꽃 피어나다

그림과 함께 보는 법화경 암송집

본 책은 2023년 1월 25일 출간된 [간추린 법화경] 도서에서 주요 구절 108구절을 발췌하여 구성한 책입니다.

최고 원전은 구마라습 법사님의 묘법연화경입니다.

이 책의 발간은 2025년 8월 15일부터 8월 31일까지 진행된 텀블벅 펀딩, [부처님의 성불 보증서- 법화경 수행 세트] 프로젝트의 성공으로 성사되었습니다. 텀블벅 펀딩에서 후원해주신 모든 후원자 분들께 감사의 말씀을 드립니다.

법의 꽃 피어나다

그림과 함께 보는 법화경 암송집

원저 간추린 법화경
편역 광제 권희재
그림 보타련 조이락

나무지혜
Tree of Wisdom

책을 펴내면서

많은 사람들은 석가모니 부처님을 높은 깨달음을 이룬 성자, 인간으로 알고 있습니다.

그런데 왜 불교 신자들은 석가모니 부처님께 절하고, 기도하는 걸까요? 아미타 부처님이나 관세음보살님은 또 누구시길래 불자들이 그렇게 또 기도하고 염불하는 걸까요?

해답의 단초는 바로 법화경에 있습니다.

법화경에서 석가모니 부처님은 당신께서 젊을 때 처음 성불하신 것이 아니라 사실 무량한 백천만겁 나유타 겁 이전에 이미 성불하셨다고 밝히십니다.

우리가 지구의 나이로 생각하는 46억년, 또 우주의 나이로 추정하는 138억년보다 더 오래 전에, 벌써 가장 높고 바른 깨달음을 이루셨다고 말씀하십니다. 그러니깐 여래(부처님)께선 오래 전에 이미 성불하셨는데도 우리들을 구하시기 위해서 일부러 인간이 되어 이 사바세계에 오신 것입니다!

그리고 그렇게 오래 전부터 우주를 다스려 오셨기 때문에 이미 온우주는 부처님께서 키워내신 불보살님들로 가득합니다. 이를 화엄 세계라 하는데요, 아미타 부처님이나 관세음보살님은 그 많은 부처님들 중에 우리 인간에 가장 친숙한 분들이십니다. 저희같은 죄업 중생들을 구제하시려고 혈안(?)이 되어 계신 분들이시지요. 눈에 불을 켜고 당신들께 기도하는 중생들을 찾고 계십니다.

사실 우리 중생들은 육안 밖에 갖추지 못했습니다. 3차원 물질 세계에 갇힌 우리들은 물질로 이뤄진 것밖에 볼 수 없습니다. 우리들은 심지어 우리들의 영혼조차 보지 못합니다. 그래서 어떤 이들은 우리의 본질조차 육체에 그친다고 말합니다. 하지만 꽃과 풀처럼 시들고 마르는 것이 진짜 우리의 본체일까요?

부처님께서는 제행무상과 제법무아를 말씀하셨지만, 동시에 우리 모두에게 불성이 있음을 알려주셨습니다. 그리고 부처님의 가르침대로 수행하면 우리 모두 언젠가 붓다가 될 수 있다고 하셨습니다.

이 무상한 윤회의 세계, 고통스런 세계에서 벗어나 상락아정의 극락정토에 날 수 있다고 알려주신 것입니다.

그런데 이렇게 진정한 붓다가 될 것이라고 약속하신 경전(수기를 주신 경전)은 법화경이 사실 유일합니다.

왜냐하면 그 전까지는 사실 임시방편의 가르침으로 교화하셨기 때문입니다.

인간의 지식과 지혜는 한계가 있고, 그 지혜가 성숙하는 데에도 상당한 시간과 시대가 소모됩니다. 더군다나 조금 전 말했듯 우리는 물질 세계에 갇혀 이 물질이 전부라는 근본적인 착각에 빠져 있습니다. 그러나 부처님은 이 물질 세계를 넘어서 계신 분이고, 신들보다 더 높은 무상사이시고, 천인사입니다.

화엄경에서 석가모니 부처님께서 가장 높고 바른 깨달음을 이루실 때에 온 우주의 불보살들이 등장하여 부처님을 찬탄하는 건 진실로 석존께서 가장 높은 깨달음을 이루셨기 때문입니다. 하지만 우리들은 이런

신들이 있는줄도 알지 못하니 어찌 화엄시의 장면을 이해하겠습니까?

부처님께서 방편의 가르침을 펴신 것은 바로 이 때문입니다.

보리수 나무 아래에서 무상정등각을 이루시고서 21일이 지났을 때, 석존께서는 잠시 절망에 빠지셨습니다. 이 무상정등각은 사람들이 이해할 수 있는 것이 아니다 - 라고 생각하셔서, 바로 열반에 들까도 생각하셨습니다. 하지만 범천의 간곡한 청이 있었고, 과거 모든 부처님들께서 방편을 쓰신 것을 기억해내시고는, 임시방편으로 아함부의 가르침을 펴신 것입니다.

그리하여 녹야원에서 [초전법륜경]을 시작으로 불교 교단을 세우시면서 40여년 동안 삼승을 설하셨으니, 기초 단계로 아함부를 설하셨습니다. 또 그 다음에 순차적으로 방등부, 반야부의 가르침을 펴셨습니다. 하지만 진짜 부처님의 가르침, 일불승은 이 법화경, 또 열반경에 와서야 설하셨으니, 그만큼 우리 중생의 지혜가 도달하기 어려웠기 때문입니다. 또 우리의 지혜가 성장해도 이 법화경에 바로 들어오긴 어려웠으니, 그건 부처님에 대한 절대 신심이 있어야 하는 까닭이었습니다.

하지만 여래에 대한 신심만 있다면, 모든 것이 완성됩니다. 부처님께선 신심만 있다면, 그 불자 모두를 아뇩다라삼먁삼보리로 이끌어 주시기 때문입니다.

법화경에서 석가모니 부처님께서는 다음과 같이 말씀하십니다.

"혹 부처님께 예배하는 사람 있어 다만 합장하되 한 손으로만 하거나 조금 고개를 숙이기만 하더라도, 이렇게 부처님 상에 공양한다면 점차 무한한 부처님들을 뵈리니, 언젠가 스스로 위없는 도를 이루어 무수한 중생들을 제도하고는 남김 없는 열반에 들리니 나무가 다하면 불도 꺼지는 것과 같으리라."

과연 부처님에 대한 신심으로, 우리는 이 무거운 윤회의 고통에서 벗어나, 극락에 왕생할 수 있습니다. 최종적으로는 붓다까지 이를 수 있는 것입니다!

관세음보살님의 이름을 부르고 염불하라는 말씀도 이 법화경 [관세음보살보문품]의 내용입니다. 우리 현세의 고통도 사실은 거의 다 우리의 죄업 때문이니까요.

그러므로 부처님을 믿고, 섬기고, 기도하는 대승 불교는 곧 이 법화경에서부터 시작된 것입니다.

우리 인간의 힘만으로는 이 인간의 한계를 깰 수 없습니다.
부처님의 위신력에 의지하여야 인간의 한계를 넘을 수 있고, 또 궁극적으로 부처님의 경지에 이를 수 있습니다. 그것이 바로 우리가 불교를 믿는 이유이고, 불교가 철학을 넘어선 종교인 이유입니다.

이 책을 통해 바로 그러한 불도의 길로, 모든 이가 들어설 수 있기를 바랍니다.

나무 석가모니불, 나무 시아본사 구원실성 석가모니불!

2025년 8월 강원도 고성에서 광제 쓰다

한줄 한줄, 마음에 새기는 법화경

어린 시절에는 좋아하는 윤동주, 황동규, 정호승 시인의 시구를 읊조렸고, 불교를 접하고부터는 반야심경이나 금강경의 사구게와 법구경 등의 좋은 구절 등을 외워 지녔습니다만, 법화경은 그 양이 방대하여 그 구절을 특별히 암송한 적이 없었습니다. 그러던 와중에 법화경의 중요한 구절을 뽑아서 암송집을 만들어보자는 편역자 권희재 거사님의 제안으로 이 법화경 암송집이 나오게 되었습니다. 부처님의 말씀을 소리내어 읽고 그 뜻을 그림으로 헤아린다면, 어렵지 않게 부처님의 서원 속으로 한발한발 들어갈 것입니다.

저의 그림은 권희재 거사님이 이미 출간한 [간추린 법화경]에 실린 법화7유에 실려 있던 것을 수정, 보완하여 동화 형식으로 실었으며, 고려불화 기법으로 표현한 수월관음도와 만오천불도, 창작불화인 작품들도 같이 구성하였습니다.

책에 실린 전체적인 도상으로는
◦ 고려시대 법화경 변상도
◦ 조선시대 해인사 영산회상도
◦ 일본 헤이안시대 용녀현주도
◦ 중국 돈황석굴의 벽화
◦ 석굴암 본존불과 10대 제자와 보살들의 사진
◦ 통도사 영산전의 벽화
◦ 현지사 다보탑과 석가탑
◦ 조이락 삽화(법화7유)와 고려불화 재현작품과 창작불화

등이 다채롭게 실려 있어 법화경의 일불승 사상과 여러 도상과 그림이 어우러져, 암송하는 즐거움을 더하리라 여깁니다.

《법화7유》 삽화 목록으로는

- 삼계화택의 비유 - 삼계는 불 타는 집과 같은 고통의 바다
- 궁자의 비유 - 돌아온 가난한 아들, 아들처럼 거칠고 헤진 옷으로 갈아 입고 아들과 함께 험한 일을 하시는 아버지, 친아들임을 밝힘
- 약초의 비유 - 평등하게 똑같이 산천 초목에 단비를 내림
- 화성의 비유 - 휴식을 위해 마술로 만든 성
- 무가보주의 비유 - 옷 속 숨겨진 보물
- 우물파기의 비유 - 흙에 물기가 있으면 거의 다 왔음을 알 수 있는 비유
- 계중명주의 비유 - 왕의 상투속 보배구슬처럼 법화경은 최후의 법보
- 의자의 비유 - 의사와 아들, 방편으로 부처님이 열반에 드시는 이유

법화경의 내용은 돈황석굴의 벽화와 법화경변상도, 고려불화 등에 다양하게 그려져 있습니다. 특히 일본 단잔진자 소장의 [수월관음도]에는 병상에 누웠거나, 억울한 누명을 썼거나, 배를 타고 바다 위를 항해하거나, 집이 화염에 쌓여 위험에 처했을때 관세음보살님을 부르면 능히 그 고통에서 벗어난다는 [관세음보살보문품]의 내용이 상세히 담겨있습니다. [만오천불도]에서도 [견보탑품]의 내용인 다보탑 속에 나란히 계신 석가여래부처님과 다보여래부처님의 모습과 삼천대천 세계에 가득하신 부처님과 불보살님들을 볼 수 있습니다.

그 장면들을 떠올린다면 실로 장관이 아닐 수 없습니다. 우리의 육안으로는 볼 수 없는 광경이지만 이러한 그림을 통해 우린 부처님의 세계를 엿볼 수 있는 것입니다. 저는 그 옛 그림의 일부를 재현하고 재해석하였습니다. 이런 그림들이 부처님 법에 더 가까이 다가가는 방편이 될 수 있을 것입니다.

이 책을 열어 수지 독송하는 모든 분들에게 법의 꽃이 피어나는 환희로움과 부처님의 자비로움이 함께하길 기원드립니다.

2025년 8월 조이락 합장

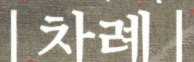

| 차례 |

서품

합천 해인사 영산회상도

14

1. 법회의 시작

如是我聞 一時佛
住王舍城 耆闍崛山中
與大比丘衆 萬二千人俱

이와 같이 나는 들었다. 한때 부처님께서 왕사성 기사굴산(영취산) 가운데 큰 비구 만이천 명과 함께 계셨다.

[법화경] 서품 중에서
(간추린 법화경 23p)

15

합천 해인사 영산회상도

16

2. 보살마하살의 참여

菩薩摩訶薩 八萬人
皆於阿耨多羅三藐三菩提 不退轉
皆得陀羅尼 樂說辯才
轉不退轉法輪

그리고 보살마하살 팔만 명이 있었으니 모두 아뇩다라삼먁삼보리에서 물러나지 않는 경지에 있어 다 다라니와 설법 잘하는 변재를 얻어 물러나지 않는 법륜을 굴리는 이들이었다.

[법화경] 서품 중에서
(간추린 법화경 23p)

합천 해인사 영산회상도

18

3. 육도윤회의 실상

爾時 佛放眉間
白毫相光 照東方
萬八千世界 靡不周遍
下至阿鼻地獄 上至阿迦尼吒天
於此世界 盡見彼土 六趣衆生
又見彼土 現在諸佛
及聞諸佛 所說經法

그 때 부처님께서 미간 백호상의 광명으로 동방을 비추시니 만 팔천 세계에 두루 비추지 않는 곳이 없었다.

아래로는 아비지옥으로부터 위로는 아가니타천까지 이르렀으니 저 세계 모든 국토의 여섯 갈래 중생들을 보게 되었고 또 저 국토들에 현재 계신 모든 부처님들을 보면서 그 부처님들께서 설하시는 경전과 법들도 다 들을 수 있었다.

[법화경] 서품 중에서
(간추린 법화경 25p)

합천 해인사 영산회상도

4. 상서의 인연

爾時 文殊師利
語彌勒菩薩摩訶薩
我於過去諸佛 曾見此瑞
放斯光已 卽說大法
是故當知 今佛現光 亦復如是
欲令衆生 咸得聞知
一切世間 難信之法

그 때 문수사리보살이 미륵보살마하살에게 말하였다.

"내가 과거에 모든 부처님들께서 이런 상서 보이심을 보았었는데 빛을 발하신 이후에 곧 크나큰 법을 설하셨습니다. 그러니 지금 부처님께서 광명을 보이시는 것도 똑같을 것입니다. 중생들로 하여금 들어서 알게 하시려는 것이니 일체 세간에서 믿기 어려운 법을 설하실 것입니다."

[법화경] 서품 중에서
(간추린 법화경 27p)

방편품

합천 해인사 영산회상도

24

5. 불가사의한 부처님의 지혜

爾時世尊 從三昧
安詳而起 告舍利弗
諸佛智惠 甚深無量
其智惠門 難解難入
一切聲聞 辟支佛 所不能知

그 때 세존께서 삼매에서 조용히 일어나시어 사리불에게 이르시었다.

"모든 부처님의 지혜는 심원하고 깊어 무한하니 그 지혜의 문은 이해하기도 어렵고 들어가기도 어려워 일체 성문이나 벽지불은 능히 알 수 없는 것이니"

[법화경] 방편품 중에서
(간추린 법화경 31p)

합천 해인사 영산회상도

26

6. 부처님만 아시는 제법실상 (1)

佛所成就 第一希有 難解之法
唯佛與佛 乃能究盡 諸法實相

"부처님께서 성취하신 바는 가장 희유해 알기 어려운 법이니 오직 부처님들만이 모든 법의 진실한 모습을 능히 다 알 수 있느니라"

[법화경] 방편품 중에서

(간추린 법화경 33p)

합천 해인사 영산회상도

28

7. 부처님만 아시는 제법실상(2)

所謂諸法
如是相 如是性 如是體
如是力 如是作
如是因 如是緣
如是果 如是報
如是本末究竟等

"모든 법이라 함은 그에 합당한 모양과 그에 합당한 성질, 그에 합당한 바탕, 그에 합당한 힘, 그에 합당한 지음, 그에 합당한 원인, 그에 합당한 이어짐, 그에 합당한 결과, 그에 합당한 응보가 있어 그에 따라 처음과 끝이 궁극적으로 같음을 이름이니라."

[법화경] 방편품 중에서

(간추린 법화경 33p)

합천 해인사 영산회상도

8. 신심 아니면 이를 수 없다

如是大果報 種種性相義
我及十方佛 乃能知是事
是法不可示 言辭相寂滅
諸餘衆生類 無有能得解
除諸菩薩衆 信力堅固者

"이와 같은 큰 과보가 가지가지의 성질과 모양, 뜻
에 따르는 것을 나와 시방의 부처님들만이 능히 그
일 아나니,
이 법은 보여줄 수 없는 것으로 언어와 문자의 길마
저 끊어졌거니와
모든 중생들 중에 능히 이를 알 수 있는 자가 없거니
와
믿음의 힘이 견고한 보살들만은 예외이니라."

[법화경] 방편품 중에서

(감로린 법화경 35p)

합천 해인사 영산회상도의 일부, 화반 공양

9. 삼승은 방편이었다

告諸聲聞衆 及求緣覺乘
我令脫苦縛 逮得涅槃者
佛以方便力 示以三乘敎
衆生處處著 引之令得出

"성문의 무리와 연각승을 구하는 이들에게 고통에서 벗어나 열반을 얻는 지경에 미치게 하였으나 이는 부처님의 임시방편의 힘으로 삼승의 가르침을 보인 것이니 중생들이 곳곳마다 집착하기에 끌어내어 건지기 위함이니라."

[법화경] 방편품 중에서

(간추린 법화경 35p)

묘법연화경 제5권 변상도, 고려, 국립중앙박물관

10. 소승은 대승을 믿기 어렵다

五千人等 即從座起
禮佛而退
所以者何 此輩
罪根深重 及增上慢
未得謂得 未證謂證
有如此失 是以不住

그러자 오천 명의 무리들이 곧 자리에서 일어나더니 부처님께 예를 갖추고 나가버렸다.

왜냐하면 이 무리들은 죄의 뿌리가 심히 무거워 교만함이 그 위에 더하는 이들이었으니

얻지 못한 걸 얻었다 하고 증하지 못한 걸 증했다고 했으니 이러한 과실이 있어 머물지 못하였던 것이다.

[법화경] 방편품 중에서
(간추린 법화경 39p)

故 한석홍 기증, 국립문화재연구소

11. 이해하기 어려운 부처님 법

舍利弗
諸佛 隨宜說法 意趣難解
所以者何 我以無數方便 種種因緣
譬喻言辭 演說諸法
是法 非思量分別 之所能解
唯有諸佛 乃能知之

"사리불아, 모든 부처님들이 설하시는 바는 그 참뜻을 이해키 어려우니 왜냐하면 내가 무수한 방편들을 가지가지 인연을 따라 비유로 말하고 설명하여 모든 법에 대해 설하였지만 이 법은 생각으로 헤아리거나 분별해 알 수 있는 것이 아니기 때문이니라. 오직 모든 부처님들만이 능히 아실 수 있느니라."

[법화경] 방편품 중에서
(간추린 법화경 41p)

12. 일대사 인연

諸佛世尊 唯以一大事因緣故
出現於世
諸佛如來 但敎化菩薩
諸有所作 常爲一事
唯以佛之知見 示悟衆生

"모든 부처님들은 오직 일대사인연으로 인해 세간에 출현하시는 것이니라. 모든 여래께서는 오직 보살되도록 가르치시는 것이니 그 모든 일들을 짓는 건 항상 그 하나의 일을 위함이니라. 오직 부처님의 지혜를 보여주어 중생들을 깨닫게 하려 함이니라."

[법화경] 방편품 중에서

(간추린 법화경 41p)

13. 아라한은 끝이 아니다

又舍利弗 是諸比丘比丘尼 自謂已得阿羅漢
是最後身 究竟涅槃
便不復志 求阿耨多羅三藐三菩提
當知此輩 皆是增上慢人
所以者何 若有比丘 實得阿羅漢
若不 信此法 無有是處

"또 사리불아 어떤 비구, 비구니들이 스스로 이르기를 아라한과를 얻었다 하고 윤회를 벗어날 최후의 몸에 이르러 궁극적 열반에 들겠다 하면서 다시 그 뜻을 돌이켜 아뇩다라삼먁삼보리를 구하지 않는다면, 마땅히 알라. 이 무리들은 거만함이 그 위에 더하는 사람들이니라. 왜냐하면 만약 실제로 아라한과를 얻은 비구가 있는데 이 법을 믿지 않는다고 하면 있을 곳이 전혀 없기 때문이니라."

[법화경] 방편품 중에서
(간추린 법화경 45p)

14. 법화경 이전에는 수기를 주시지 않으셨다

我說是方便 令得入佛慧
未曾說汝等 當得成佛道
所以未曾說 說時未至故
今正是其時 決定說大乘

"내가 임시방편으로 설하여 부처의 지혜에 들어오게 하였으나 아직까지 너희에게 마땅히 성불하리라 말하지 아니하였으니 아직까지 말을 안 한 것은 말할 때가 이르지 않았기 때문이니라. 그러나 지금 이제 시기가 이르렀으니 결정코 대승을 설하리라."

[법화경] 방편품 중에서
(간추린 법화경 47p)

15. 대승의 염불행자에게 수기 주신다

我記如是人 來世成佛道
以深心念佛 修持淨戒故
此等聞得佛 大喜充遍身

"내가 이런 사람들에게 내세에 성불하리라 수기를
주나니 마음으로 깊이 염불하며 깨끗한 계율을 지키
고 닦은 까닭이라, 이런 이들 부처되리란 말을 듣고
큰 기쁨이 온 몸에 충만하리라."

[법화경] 방편품 중에서
(간추린 법화경 47p)

16. 소승이 아닌 대승이 진실이다

唯此一事實 餘二則非眞
終不以小乘 濟度於衆生
佛自住大乘 如其所得法
定慧力莊嚴 以此度衆生
自證無上道 大乘平等法
若以小乘化 乃至於一人
我則墮慳貪 此事爲不可

"오직 저 하나의 일(일승)만 진실이요 나머지 둘은 진실이 아니니 소승으로는 끝내 중생을 제도할 수 없노라. 부처님께서는 스스로 그 얻으신 법, 대승에 머무르시니 선정과 지혜의 힘으로 장엄되어 저 중생들을 제도하시느니라. 내가 스스로 얻은 위없는 깨달음은 대승평등법이니 만약 한 사람이라도 소승으로 교화한다면 나 역시 간탐에 빠진 것으로 이러한 일은 불가하니라."

[법화경] 방편품 중에서

(간추린 법화경 49p)

48

17. 부처님의 본래 서원

舍利弗當知 我本立誓願
欲令一切衆 如我等無異
如我昔所願 今者已滿足
化一切衆生 皆令入佛道

"사리불은 마땅히 알지니 내가 본래 근본 서원 세우기를 일체 중생이 나와 같이 되어 다르지 않기를 소원하였으니 나의 이 옛 소원이 지금에서야 이제 만족되는도다. 일체 중생으로 하여금 모두 부처의 길로 들어오게 하였도다."

[법화경] 방편품 중에서
(간추린 법화경 51p)

묘법연화경 제5권 변상도, 고려, 국립중앙박물관

18. 육바라밀

若有衆生類 値諸過去佛
若聞法布施 或持戒忍辱
精進禪智等 種種修福慧
如是諸人等 皆已成佛道

"어떤 중생의 무리가 과거 모든 부처님들을 뵙고 법을 들어 보시하거나 혹 계를 지키거나 욕됨을 견디거나 지치지 않고 정진해 선정과 지혜를 닦아 갖가지 복과 지혜를 닦는다면 이러한 모든 무리들은 이미 다 불도를 성취하였으며"

[법화경] 방편품 중에서

(간추린 법화경 55p)

묘법연화경 제5권 변상도, 고려, 국립중앙박물관

19. 부처님을 예경하라 (1)

諸佛滅度已 供養舍利者
起萬億種塔 金銀及玻瓈
若人爲佛故 建立諸形像
刻彫成衆相 皆已成佛道
彩畫作佛像 百福莊嚴相
自作若使人 皆已成佛道

"부처님께서 멸도하신 후에 사리에 공양하여 무수한 가지가지 탑을 세우거나 금과 은, 유리로 장엄하거나,

어떤 사람이 부처님을 위하여 모든 형상을 건립하되 불상을 조각한다면 이미 다 불도를 성취한 것이며,

탱화를 그리거나 불상을 만들어 여러 가지로 장엄하게 꾸며 스스로 또는 남을 시켜 그렇게 하면 이들도 이미 다 불도를 성취한 것이고"

[법화경] 방편품 중에서
(간추린 법화경 57p)

묘법연화경 제5권 변상도, 고려, 국립중앙박물관

20. 부처님을 예경하라 (2)

或有人禮拜 或復但合掌
乃至擧一手 或復小低頭
以此供養像 漸見無量佛
自成無上道 廣度無數衆
入無餘涅槃 如薪盡火滅

"혹 부처님께 예배하는 사람 있어 다만 합장하되 한 손으로만 하거나 조금 고개를 숙이기만 하더라도,

이렇게 부처님 상에 공양한다면 점차 무한한 부처님들을 뵈리니,

언젠가 스스로 위없는 도를 이루어 무수한 중생들을 제도하고는 남김 없는 열반에 들리니 나무가 다하면 불도 꺼지는 것과 같으리라."

[법화경] 방편품 중에서
(간추린 법화경 57p)

묘법연화경 제5권 변상도, 고려, 국립중앙박물관

56

21. 모든 부처님의 목표

諸佛本誓願 我所行佛道
普欲令衆生 亦同得此道
未來世諸佛 雖說百千億
無數諸法文 其實爲一乘

"모든 부처님들의 서원은, 내가 행한 불도를 중생으로 하여금 널리 닦게 하여 역시 똑같이 불도를 얻게 하려 함이니, 미래의 모든 부처님들이 비록 백 천 만 억으로 설하시더라도 무수한 법문은 기실 모두 다 일승을 위한 것이니라."

[법화경] 방편품 중에서
(간추린 법화경 59p)

묘법연화경 제5권 변상도 고려. 국립중앙박물관

22. 부처님의 방편 쓰심

諸佛兩足尊 知法常無性
佛種從緣起 是故說一乘
是法住法位 世間相常住
於道場知已 導師方便說

"모든 부처님, 양족존께서는 법에는 일정한 성품이 없음을 아시고, 부처님 종자도 인연을 따라 나오심을 아시니 이에 일승을 설하시느니라. 이 법은 법의 자리에 머무르면서도 세간의 온갖 모양에 상주하나니 도량에서 이미 이를 알았으나 진리의 스승은 방편을 설하신 것이니라."

[법화경] 방편품 중에서
(간추린 법화경 59p)

비유품

故 한석홍 기증, 국립문화재연구소

23. 사리불의 고백

我本着邪見 爲諸梵志師 世尊知我心 拔邪說涅槃
我悉除邪見 於空法得證 爾時心自謂 得至於滅度
而今乃自覺 非是實滅度 若得作佛時 具三十二相
天人夜叉衆 龍神等恭敬 是時乃可謂 永盡滅無餘

"저는 본래 잘못된 견해에 집착하여 외도의 스승이 되었었는데 세존께서 저의 마음을 아시고 잘못된 견해를 뽑고 열반을 설해주시니 제가 잘못된 견해를 다 버리고 공한 법을 증득하였나이다. 그 때 스스로 생각하길 고통을 다 여의고 참된 열반을 얻었다 하였는데, 이제 지금 스스로 깨달으니 그것은 참된 멸도가 아니었습니다.

만약 진실로 부처가 되어 삼십이상을 갖추게 된다면 천인과 야차 무리, 용신 무리가 다 공경하리니 그 때에야 비로소 영원히 남김없이 고통을 여의었다 하리이다."

[법화경] 비유품 중에서
(간추린 법화경 63p)

故 한석홍 기증, 국립문화재연구소

24. 사리불 존자의 수기

舍利弗 汝於未來世
過無量無邊 不可思議劫
供養若干 千萬億佛
奉持正法 具足菩薩所行之道
當得作佛 號曰 華光如來

"사리불아, 너는 미래세에 무한하고 불가사의한 겁이 지난 후에 천 만억의 부처님께 공양드리리니, 정법을 받아 지키고 보살이 행하는 도를 다 갖추어 결정코 성불할 것이니 그 호를 화광여래라고 하리라."

[법화경] 비유품 중에서
(간추린 법화경 65p)

© 작가 조이락, 불타는 집의 비유, [간추린 법화경]

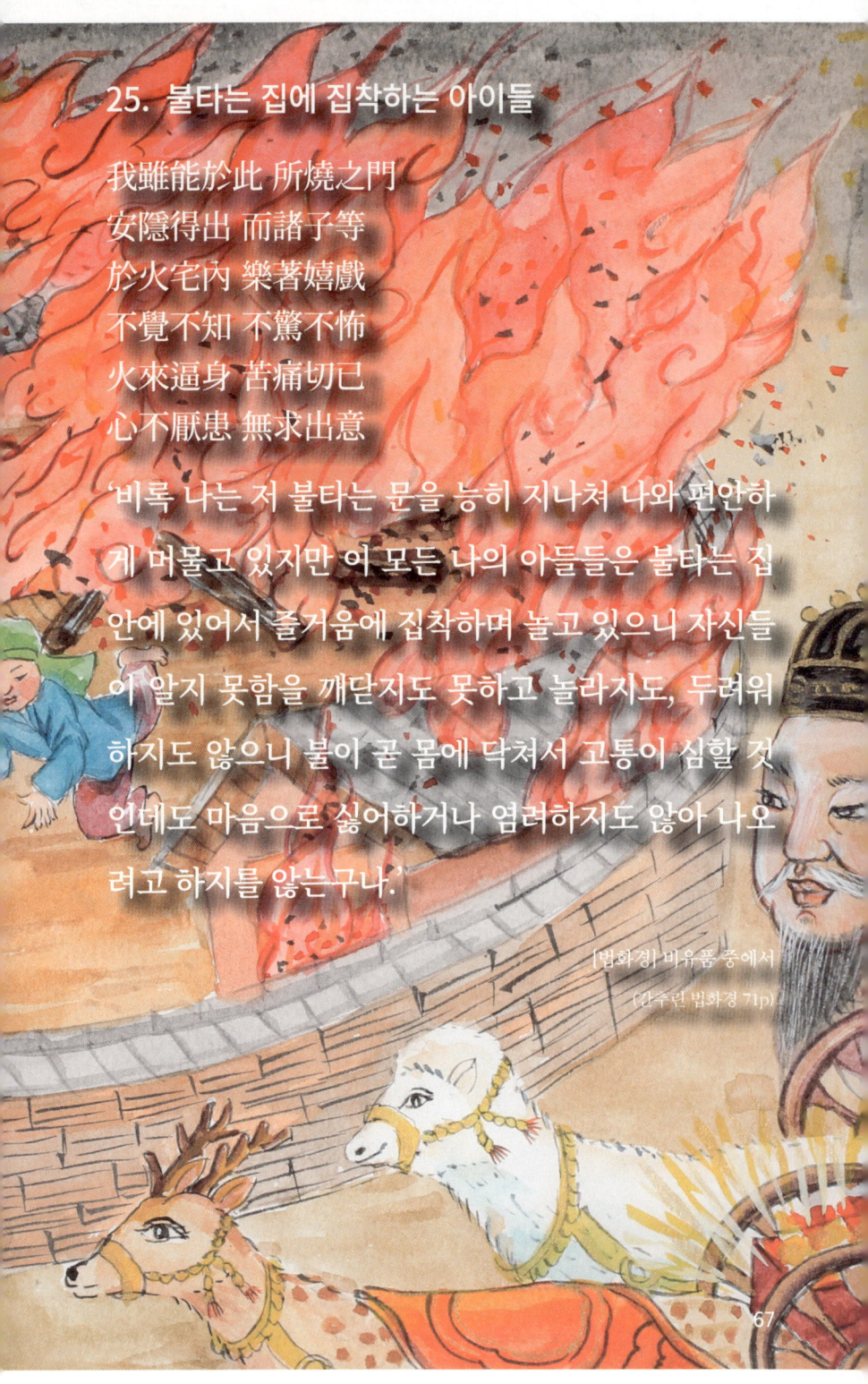

25. 불타는 집에 집착하는 아이들

我雖能於此 所燒之門
安隱得出 而諸子等
於火宅內 樂著嬉戲
不覺不知 不驚不怖
火來逼身 苦痛切已
心不厭患 無求出意

'비록 나는 저 불타는 문을 능히 지나쳐 나와 편안하게 머물고 있지만 이 모든 나의 아들들은 불타는 집 안에 있어서 즐거움에 집착하며 놀고 있으니 자신들이 알지 못함을 깨닫지도 못하고 놀라지도, 두려워하지도 않으니 불이 곧 몸에 닥쳐서 고통이 심할 것인데도 마음으로 싫어하거나 염려하지도 않아 나오려고 하지를 않는구나.'

[법화경] 비유품 중에서

〔간추린 법화경 71p〕

© 작가 조이라, 불타는 집의 비유. [간추린 법화경]

68

26. 부처님의 방편

如此種種 羊車鹿車牛車
今在門外 可以遊戲
汝等 於此火宅 宜速出來
隨汝所欲 皆當與汝

"가지가지의 양 수레와 사슴 수레, 소 수레가 지금

문 바깥에 있으니 갖고 놀 수 있느니라.

너희들은 불타는 집에서 빨리 나가거라. 너희들이

바라는 대로 모두 다 마땅히 줄 것이니라."

[법화경] 비유품 중에서

(간추린 법화경 71p)

27. 부처님이 오신 이유

舍利弗 如來 亦復如是 則爲一切 世間之父
於諸怖畏 衰惱憂患 無明闇蔽 永盡無餘
而悉成就 無量知見
大慈大悲 常無懈倦 恒求善事 利益一切
而生三界 朽故火宅
爲度衆生 生老病死

"사리불아, 여래 또한 그러하니 곧 일체 모든 세간의 아버지이니라. 모든 두려움과 쇠약함, 근심과 어리석음, 어둠을 영원히 멸하였으니 무한한 지혜를 다 성취하였느니라.

큰 자비로 항상 게으르지 않고 항상 선한 일을 구하여 일체 중생에게 이익이 되게 하려 하나니 그 때문에 삼계에 태어나 썩어 오래된 불타는 집에 들어오나니, 중생들을 생로병사의 고통으로부터 건지기 위함이니라."

[법화경] 비유품 중에서
(간추린 법화경 77p)

©작가 조이락, 불타는 집의 비유, [간추린 법화경]

故 한석홍 기증, 국립문화재연구소

28. 대승의 정의

若有衆生 從佛世尊
聞法信受 勤修精進
求一切智 佛智
自然智 無師智
如來知見 力無所畏
愍念安樂 無量衆生
利益天人 度脫一切
是名大乘

"만약 어떤 중생이 있어 부처님을 따르면서 법을 들어 믿고 받아 지니며 부지런히 정진하며 일체 모든 지혜를 구하고 부처님의 지혜를 구하며 스스로 이뤄지는 지혜와 스승 없는 지혜를 구하고 여래의 지견과 두려울 것 없는 힘을 구하여, 무한한 중생을 가엾게 여겨 편안케 하려 생각하고 하늘 사람을 이익 되게 하며 일체 모두를 해탈케 한다면, 이를 대승이라 하느니라."

[법화경] 비유품 중에서

(간추린 법화경 79p)

故 한석홍 기증, 국립문화재연구소

29. 유일하신 구원자 부처님

如來已離 三界火宅
寂然閑居 安處林野
今此三界 皆是我有
其中衆生 悉是吾子
而今此處 多諸患難
唯我一人 能爲救護

"여래는 이미 삼계의 불타는 집을 떠나서 고요하고 안온한 임야에 거하나니 저 삼계는 모두 나의 소유이며 그 가운데 중생은 전부 나의 아들이로다. 그러나 그곳은 모든 환란이 가득하니 오직 나 한 사람만이 능히 구해낼 수 있느니라."

[법화경] 비유품 중에서
(간추린 법화경 83p)

신해품

30. 소승이었을 때의 착각

世尊往昔 說法旣久
我時在座 身體疲懈
但念空 無相無作
於菩薩法 遊戲神通
淨佛國土 成就衆生
心不喜樂

세존께서 옛날부터 설법하신지 오래되어, 저희들은 그 자리에 계속 있었으나 육체가 피곤하고 게을러서 다만 공에 대해서만 생각하고 상이 없음과 짓지 않음을 보살의 법으로 여겨 신통을 가지고 놀 뿐이었습니다.

그래서 불국토를 깨끗하게 하는 일이나 중생들을 성취시키는 일에 대해선 기쁘게 생각하지 않았습니다.

[법화경] 신해품 중에서
(간추린 법화경 87,89p)

© 작가 조이락, 돌아온 가난한 아들의 비유, [간추린 법화경]

31. 깨닫지 못하는 아들

時富長者 於師子座
見子便識 心大歡喜
卽遣傍人 急追將還
爾時使者 疾走往捉
窮子驚愕 稱怨大喚
我不相犯 何爲見捉

그 때 부유한 장자는 사자좌에 앉아 있다가 아들을 보고서 마음으로 크게 기뻐하였습니다. 즉시 옆의 사람을 보내어 급히 (아들을) 쫓아가 데려오도록 하였는데 이 때 사자가 데려오려고 급히 달려가자 가난한 아들은 경악하여 크게 원망하며 소리쳤습니다.

"난 죄를 범한 적이 없는데 어찌하여 보자마자 잡으러 오는 것입니까?"

[법화경] 신해품 중에서

(간추린 법화경 95p)

ⓒ작가 조이락, 돌아온 가난한 아들의 비유. [간추린 법화경]

32. 직접 인간계로 들어오신 부처님

爾時窮子 先取其價
尋與除糞 其父見子
愍而怪之
卽脫瓔珞 細軟上服
嚴飾之具 更着麤弊
垢膩之衣 塵土坌身
右手執持 除糞之器

그래서 가난한 아들은 품삯을 먼저 받고서는 똥거름
치우는 일을 하게 되었으니, 아버지는 그런 아들을
보는 것이 민망하고 안타까웠습니다.

그리하여 (아버지는) 즉시 목걸이와 부드러운 옷과
장신구들을 버리고 거칠고 해진 옷으로 갈아입었습
니다.

때 묻은 옷에 흙으로 더럽혀진 몸이 되어 오른손에
는 똥거름 치우는 기구를 갖추었습니다.

[법화경] 신해품 중에서
(간추린 법화경 97p)

84

33. 부처님의 수기

臨欲終時
而命其子 幷會親族
國王大臣 刹利居士
皆悉已集 卽自宣言
諸君當知 此是我子
此實我子 我實其父
今我所有 一切財物
皆是子有

마지막 때가 이르러서 (아버지는) 그 아들에게 친족을 모두 모으게 했습니다. 국왕 대신들과 귀족들까지 모두 모인 자리에서 곧 친히 선언하였습니다.

"여러분, 이 자가 나의 친아들입니다. 이는 내 진짜 아들이요, 나는 정말로 그의 아버지입니다. 이제 나의 모든 소유는 다 이 아들의 것입니다."

[법화경] 신해품 중에서

(간추린 법화경 101p)

34. 소승의 착각 (1)

我等內滅 自謂爲足
唯了此事 更無餘事
我等若聞 淨佛國土
敎化衆生 都無欣樂

우리들은 내면의 멸도만으로도 스스로 족하다 여겼고 오직 그것만 깨닫고자 했으니 다른 경지가 남았다 생각하지 않았습니다. 그래서 불국토를 깨끗하게 하는 일이나 중생 교화하는 일을 들을 때도 도무지 기뻐하는 마음이 없었던 것입니다.

[법화경] 신해품 중에서
(간추린 법화경 105p)

35. 소승의 착각 (2)

所以者何 一切諸法
皆悉空寂 無生無滅
無大無小 無漏無爲
如是思惟 不生喜樂
我等長夜 於佛智慧
無貪無着 無復志願
而自於法 謂是究竟

왜냐하면 일체 모든 법이 다 공하고 적멸하여 나지도 않고 멸하지도 않고 크지도 않고 작지도 않고 흔들리지도 않고 움직이지도 않는다, 그렇게 생각하니 기쁨이나 즐겁게 여기는 마음이 생기질 않았습니다. 저희들이 기나긴 밤 부처님의 지혜에 대해 탐내지도, 집착지도 않고 다시 그 뜻을 원하지 아니하였으니 그저 스스로 이 법이 궁극의 깨달음이라 여겼던 까닭입니다.

[법화경] 신해품 중에서

(간추린 법화경 107p)

약초유품

92

36. 부처님의 미묘한 방편

如來 是諸法之王
若有所說 皆不虛也
於一切法 以智方便
而演說之 其所說法
皆悉到於一切智地
如來觀知 一切諸法
之所歸趣 亦知一切衆生
深心所行 通達無礙

"여래는 모든 법의 왕으로 그 말하는 바에 허망한 것이 없느니라. 일체의 법에 대해 방편으로 연설하여도 그 말하는 법이 전부 다 일체지의 경지에 이르느니라.

여래는 일체 모든 법을 다 알고 보나니 그 돌아가는 곳을 알고, 또한 일체 중생의 생각과 행하는 바를 깊은 곳까지 다 알고 통달하여 거리낌이 없느니라."

[법화경] 약초유품 중에서
(간추린 법화경 111p)

© 작가 조이락, 약초의 비유, [간추린 법화경]

94

37. 약초의 비유

迦葉 譬如三千大天世界
山川谿谷 土地所生
卉木叢林 及諸藥草
種類若干 名色各異
密雲彌布 遍覆三千大天世界
一時等澍 其澤普洽

"가섭아, 비유하면 삼천대천세계의 산천과 계곡의 토지에서 자라나는 풀과 나무와 숲과 모든 약초가 있으되 종류에 따라 이름과 모양이 다 각기 다르니라.

그런데 짙은 구름이 삼천대천세계에 두루 가득하여 일시에 똑같이 단비를 내리나니 그 모두를 다 윤택하게 하느니라."

[법화경] 약초유품 중에서

(간추린 법화경 113p)

© 작가 조이락, 약초의 비유, [간추린 법화경]

38. 부처님만이 모든 중생을 아신다

唯有如來 知此衆生
種相體性
念何事 思何事 修何事
云何念 云何思 云何修
以何法念 以何法思 以何法修
以何法得何法
衆生 住於種種之地

"오직 여래만이 저 모든 중생의 종자와 모양과 바탕과 성품을 아느니라. 중생이 어떤 일을 생각하고, 어떤 일을 사유하고, 어떤 일로 수행하는지, 그리고 어떻게 그 생각과 사유와 닦음에 이르렀는지, 어떤 법으로 인해 그 생각과 사유와 닦음에 이르렀는지, 어떤 법으로 인해 그 법에 이르렀는지, 그리하여 중생이 제각기 어느 경지에 머무는지를 아느니라."

[법화경] 약초유품 중에서

(간추린 법화경 117p)

수기품 - 법사품

故 한석홍 기증, 국립문화재연구소

39. 마하가섭 존자의 수기

我此弟子 摩訶迦葉
於未來世 當得奉覲
三百萬億 諸佛世尊
供養恭敬 尊重讚歎
廣宣諸佛 無量大法
於最後身 得成爲佛
名曰 光明如來

"나의 제자 마하가섭은 미래세에 마땅히 삼백만억
의 모든 부처님들을 만나 뵈옵고 공양하고 공경하며
존중과 찬탄을 드리리니 모든 부처님의 무량한 대법
을 설한 후에 마지막 최후의 몸으로 성불하리라.
그 이름을 광명 여래라 하리라."

[법화경] 수기품 중에서

(간추린 법화경 125p)

40. 대통지승여래의 16왕자

是十六菩薩 常樂說是 妙法蓮華經
一一菩薩所化 六百萬億那由他 恒河沙等衆生
世世所生 與菩薩俱
從其聞法 悉皆信解

"이 16명의 보살들은 항상 이 묘법연화경 설하기를 즐거워하였으니 보살 하나하나가 교화한 이들이 육백만억 나유타로 항하강의 모래알처럼 많았느니라. 이들은 세세생생 보살과 함께 태어나 그 법을 듣고 따라 다 믿고 이해하였느니라."

[법화경] 화성유품 중에서
(간주린 법화경 141p)

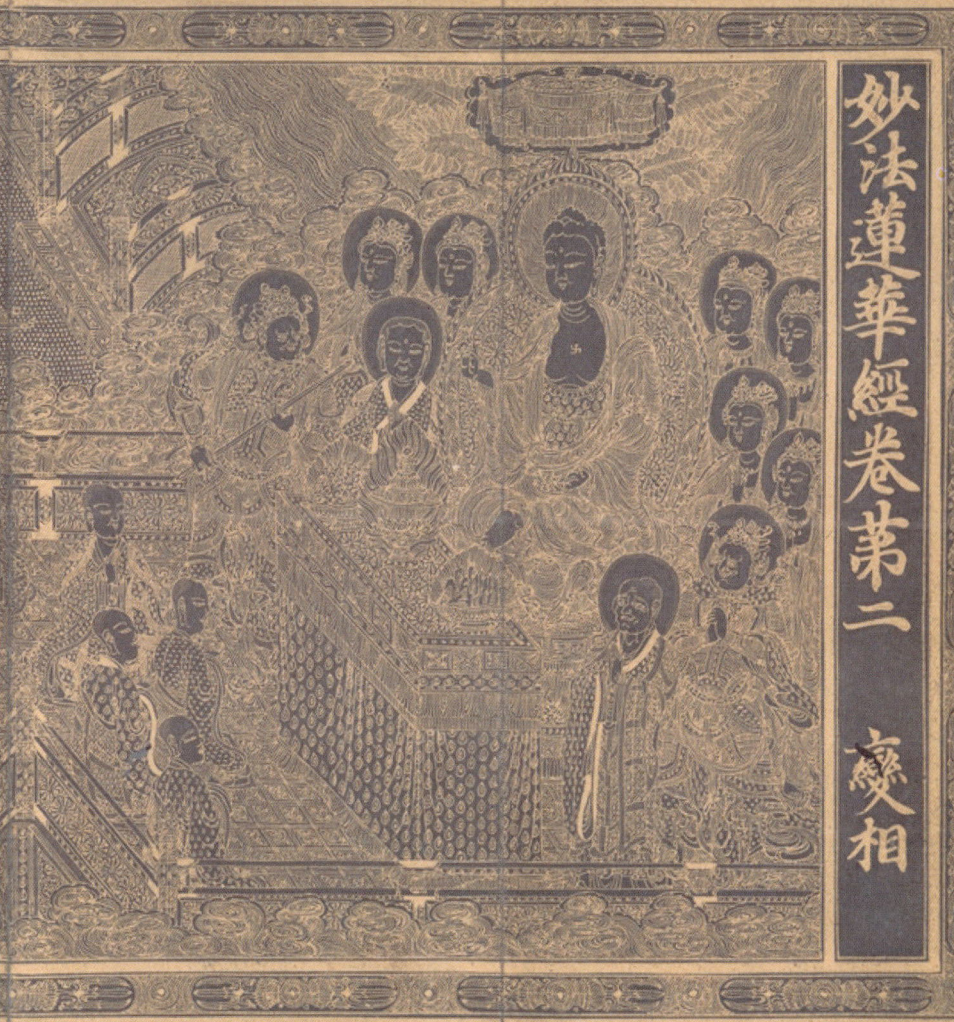

妙法蓮華經卷第二 變相

묘법연화경 제2권 변상도, 고려, 미국 메트로폴리탄 미술관

41. 부처님은 다시 오신다

爾時所化 無量恒河沙等衆生者 汝等諸比丘
及我滅度後 未來世中 聲聞弟子
是也 我滅度後 復有弟子
不聞是經 不知不覺 菩薩所行
自於所得功德 生滅度想 當入涅槃
我於餘國作佛 更有異名

"그 때에 교화한 무량한 항하강의 모래와 같은 중생들은 바로 너희 비구들이며 또 내가 멸도한 후 미래세 가운데 있을 성문 제자들이니라. 이들은 내가 멸도 후 다시 제자가 될 것이나 이 경을 듣지 못해 보살이 행할 바를 알지도, 깨닫지도 못한 채 스스로 얻은 공덕을 갖고 멸도라고 생각하며 열반에 들려 할 것이다. 그럼 내가 다시 다른 국토에서 다른 명호로 성불할 것이니라."

[법화경] 화성유품 중에서
(간추린 법화경 145p)

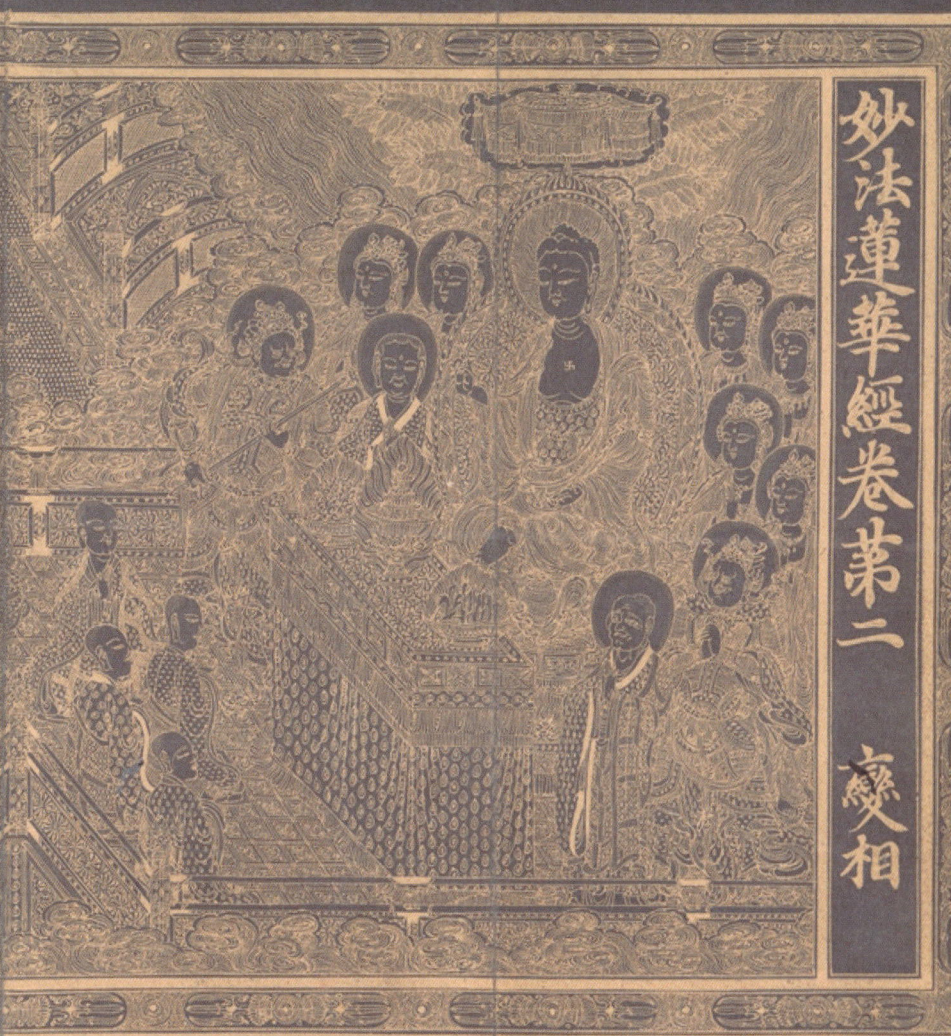

妙法蓮華經卷第二 變相

묘법연화경 제2권 변상도, 고려, 미국 메트로폴리탄 미술관

42. 마술로 만든 성의 비유

爾時導師 知此人衆 既得止息
無復疲倦 即滅化城 語衆人言
汝等去來 寶處在近
向者大城 我所化作
爲止息耳

그 때에 도사는 사람들이 충분히 휴식하여 더 이상 피곤하지 않음을 알고 곧 마술로 만든 성을 없애버리고는 사람들에게 말하였느니라.

"너희들은 이제 갈지니 보물이 있는 곳이 가까웠느니라. 아까 있던 큰 성은 내가 마술로 만든 것이니라. 휴식을 위해서 잠시 만든 것이니라."

[법화경] 화성유품 중에서
(간추린 법화경 153p)

© 작가 조이락, 마술로 만든 성의 비유, [간추린 법화경]

ⓒ 작가 조이락, 마술로 만든 성의 비유, [간추린 법화경]

43. 부처님이 되어야 진정 멸도에 이른 것이다

今爲汝說實 汝所得非滅
爲佛一切智 當發大精進
汝證一切智 十力等佛法
具三十二相 乃是眞實滅

"이제 너희들에게 말하니 너희들이 얻은 멸도는 진짜 멸도가 아니니라. 부처님의 일체 지혜를 얻기 위해 마땅히 크게 정진 하는 마음을 낼지니라.

너희들이 일체지를 증득하여서 부처님과 같은 십력(10가지 힘)과 32상을 갖춘다면 그제야 진실로 멸도에 이른 것이니라."

[법화경] 화성유품 중에서
(간추린 법화경 159p)

44. 부루나 존자의 수기

諸比丘 富樓那
亦於七佛 說法人中 而得第一
今於我所 說法人中 亦爲第一
爲淨佛土故 常勤精進 敎化衆生
漸漸具足 菩薩之道
過無量阿僧祇劫 當於此土
得阿耨多羅三藐三菩提 號曰法明

"모든 비구들아, 부루나는 과거 칠불 시절에도 설법하는 이 가운데 제일이었으며 지금 나의 처소에서 설법하는 이 가운데서도 제일이니라.

부처님의 국토를 깨끗하게 만들기 위해 항상 부지런히 정진하며 중생을 교화하나니 점차 보살의 도를 갖추어 나가 무량한 아승기겁이 지난 후에 저 국토에서 마땅히 아뇩다라삼먁삼보리를 얻을 것이니, 그 호를 법명이라 하리라."

[법화경] 오백제자수기품 중에서

(간추린 법화경 161p)

묘법연화경 제5권 변상도 고려. 국립중앙박물관

45. 보살의 중생 구제

諸比丘諦聽 佛子所行道
善學方便故 不可得思議
知衆樂小法 而畏於大智
是故諸菩薩 作聲聞緣覺
以無數方便 化諸衆生類

"모든 비구들은 들어라, 불자가 행하는 바를 보면 선한 방편을 잘 배웠기에 그 생각하는 바를 짐작할 수 없으니, 중생이 작은 소승 법을 좋아함을 알고 또 큰 지혜를 두려워함을 알기에 그래서 보살들은 스스로 성문이나 연각으로 나타나되 무수한 방편으로 모든 중생의 무리들을 교화하느니라"

[법화경] 오백제자수기품 중에서

(간추린 법화경 165p)

합천 해인사 영산회상도의 일부, 가섭존자의 모습

46. 가섭에게 수기 내리는 일을 맡기심

其五百比丘 次第當作佛
同號曰普明 轉次而授記
我滅度之後 某甲當作佛
其所化世間 亦如我今日
迦葉汝已知 五百自在者
餘諸聲聞衆 亦當復如是
其不在此會 汝當爲宣說

"오백 아라한이 응당 차례로 성불하리니 그 호를 모두 보명이라 하리니 돌아가며 차례로 수기를 주되 '내가 멸도한 뒤에 아무개가 성불할 것이니 그 부처님이 교화하는 세상 역시 나와 같으리라'고 말하리라.

가섭아 네가 알다시피 오백 아라한과 나머지 성문들도 또한 마찬가지이니라. 이 자리에 없는 이들에게는 네가 마땅히 설해주도록 하여라."

[법화경] 오백제자수기품 중에서

(간추린 법화경 169p)

47. 무가보주의 비유

世尊 譬如有人 至親友家
醉酒而臥 是時親友
官事當行 以無價寶珠
繫其衣裏 與之而去
其人醉臥 都不覺知

"세존이시여, 비유하자면 어떤 사람이 친한 친구의 집에 갔는데 술 취해서 누워 있을 때에 그의 친구가 관청에 볼 일이 있어 값을 매길 수 없는 보물을 그의 옷 속에 꿰어 놓고 갔습니다. 그 사람은 취해서 그 일을 깨닫지 못하였습니다."

[법화경] 오백제자수기품 중에서

(간추린 법화경 173p)

© 작가 조이락, 옷 속에 숨겨진 보물의 비유, [간추린 법화경]

48. 일체지에 대한 서원

佛亦如是 爲菩薩時
敎化我等 令發一切智心
而尋廢亡 不知不覺
旣得阿羅漢道 自謂滅度
資生艱難 得少爲足
一切智願 猶在不失

"부처님께서도 이와 같으시니, 보살이실 때부터 저희들을 교화하여 일체지에 대한 마음을 내게 하셨습니다.

그러나 곧 잊어버려 알지도 깨닫지도 못하였으니 이미 아라한도를 얻어 스스로 멸도라 하였으니 간신히 스스로 벌다가 작은 것만 얻어도 만족한 것과 같습니다.

그러나 일체지에 대한 서원은 오히려 아직 있어 잊어버리지 않았습니다."

[법화경] 오백제자수기품 중에서

(간추린 법화경 179p)

49. 아난 존자의 수기

汝於來世 當得作佛
號山海慧自在通王如來
當供養 六十二億諸佛
護持法藏然後
得阿耨多羅三藐三菩提
敎化二十千萬億 恒河沙 諸菩薩等
令成阿耨多羅三藐三菩提

"너는 오는 세상에 마땅히 성불하리니 그 호를 산해혜자재통왕불이라 하리라. 응당히 육십 이억의 모든 부처님께 공양을 드리고 법장을 보호하여 지킨 연후에 아뇩다라삼먁삼보리를 얻으리니 이십 천만 억의 모래수와 같은 모든 보살의 무리들을 교화하여 아뇩다라삼먁삼보리를 성취케 하리라."

[법화경] 수학무학인기품 중에서
(간추린 법화경 181p)

50. 법화경의 위신력

又如來 滅度之後
若有人 聞妙法華經
乃至一偈一句 一念隨喜者
我亦與授 阿耨多羅三藐三菩提記

"또한 여래가 멸도한 이후에 어떤 이가 묘법연화경을 듣고 다만 한 게송이나 한 글귀를 한 생각에라도 기쁘게 받아들인다면 난 그에게도 또한 아뇩다라삼먁삼보리의 수기를 주노라."

[법화경] 법사품 중에서
(간추린 법화경 189p)

묘법연화경 제5권 변상도, 고려, 국립중앙박물관

124

51. 법화경은 믿기 어렵다

藥王 此經 是諸佛秘要之藏
不可分布 妄授與人
諸佛世尊 之所守護
從昔已來 未曾顯說
而此經者 如來現在
猶多怨嫉 況滅度後

"약왕보살아, 이 경은 모든 부처님의 비밀한 중요 법장이니 함부로 허망하게 사람들에게 유포할 수 없느니라.

모든 세존들께서 지키고 보호하시는 바이니 예로부터 여태껏 드러내놓고 설하지 아니하였으니 이 경이 여래가 지금 있을 때에도 원망과 질시가 많거늘 하물며 여래가 멸도한 후이겠느냐."

[법화경] 법사품 중에서
(간추린 법화경 197p)

묘법연화경 제5권 변상도, 고려, 국립중앙박물관

52. 법화경의 중요성

藥王 在在處處
若說若讀 若誦若書
若經卷所住處 皆應起七寶塔
極令高廣嚴飾 不須復安舍利
所以者何 此中已有
如來全身

"약왕보살아, 만약 어떤 곳에서 이 경을 설하거나 읽거나 외우거나 쓰거나 또는 경전이 있는 곳이라면 그 모든 곳에 응당히 칠보탑을 세워야 하나니 높고 장엄하게 꾸미되 부처님의 사리를 또 모실 필요가 없느니라.

왜냐하면 그 가운데에는 이미 여래의 몸이 다 있는 것과 마찬가지이기 때문이니라."

[법화경] 법사품 중에서
(간추린 법화경 199p)

견보탑품

영산불교 현지사의 다보탑과 석가탑

130

53. 다보탑의 출현

爾時佛前 有七寶塔
高五百由旬 縱廣二百五十由旬
從地涌出 住在空中
種種寶物 而莊校之
五千欄楯 龕室千萬
無數幢幡 以爲嚴飾

그 때에 부처님 앞에 칠보탑이 있어 높이 오백 유순
이며 가로와 세로가 이백 오십 유순이 되었는데 땅
에서부터 솟아나와 공중에 머물렀다. 갖가지 보물로
장엄하게 꾸며졌고 오천 개의 난간에 감실이 천만
군데인데 무수한 깃대로써 장엄하게 꾸며져 있었다.

[법화경] 견보탑품 중에서

(간추린 법화경 207p)

영산불교 현지사의 다보탑

54. 다보탑의 증명

爾時寶塔中 出大音聲歎言
善哉善哉 釋迦牟尼世尊
能以平等大慧
教菩薩法 佛所護念
妙法華經 爲大衆說
如是如是 釋迦牟尼世尊
如所說者 皆是眞實

그 때에 보탑 가운데에서 큰 음성이 나서 이르되 "거룩하시도다, 거룩하시도다, 석가모니 세존이시여. 능히 평등한 큰 지혜로써 보살들을 가르치고 부처님께서 지키고 생각하시는 묘법연화경을 대중을 위하여 설하시나니, 그렇습니다, 그렇습니다, 석가모니 세존께서 설하시는 것들은 모두가 다 진실입니다."

[법화경] 견보탑품 중에서

(간추린 법화경 207p)

55. 다보여래 부처님의 서원

乃往過去 東方 無量千萬億 阿僧祇世界
國名寶淨 彼中有佛 號曰多寶
其佛 行菩薩道時 作大誓願
若我成佛 滅度之後
於十方國土 有說法華經處
我之塔廟 爲聽是經故
涌現其前 爲作證明 讚言善哉

"먼 옛날에 동방에 무량 천만 억 아승기의 수많은 세계를 지나서 보정이라는 국토가 있었는데 그 곳에 호를 다보라고 하는 부처님이 계셨느니라. 그 부처님께서 보살도를 행하실 적에 큰 서원을 세우시기를 '만약 내가 성불한다면 멸도한 후에 시방 국토에서 법화경을 설하는 곳이 있다면 나의 탑묘가 그 경을 듣기 위해 솟아나서 그 경을 증명하리니 거룩하다고 찬탄하리라.'고 하시었느니라."

[법화경] 견보탑품 중에서

(간추린 법화경 209p)

영산불교 현지사의 다보탑과 석가탑

56. 분신 부처님들께서 모이시다

時娑婆世界 卽變淸淨
琉璃爲地 寶樹莊嚴
是時諸佛 各將一大菩薩 以爲侍者
至娑婆世界 各到寶樹下

그 때에 사바세계가 즉시 청정하게 변하였으니 유리로 땅이 되었고 보배 나무가 장엄하게 되었다.

그 때에 모든 분신 부처님들께서 각기 대보살 한 명씩을 시자로 데리고 사바세계로 오셔서 각기 보배 나무 아래에 이르셨다.

[법화경] 견보탑품 중에서
(간추린 법화경 215p)

영산불교 현지사의 다보탑과 석가탑

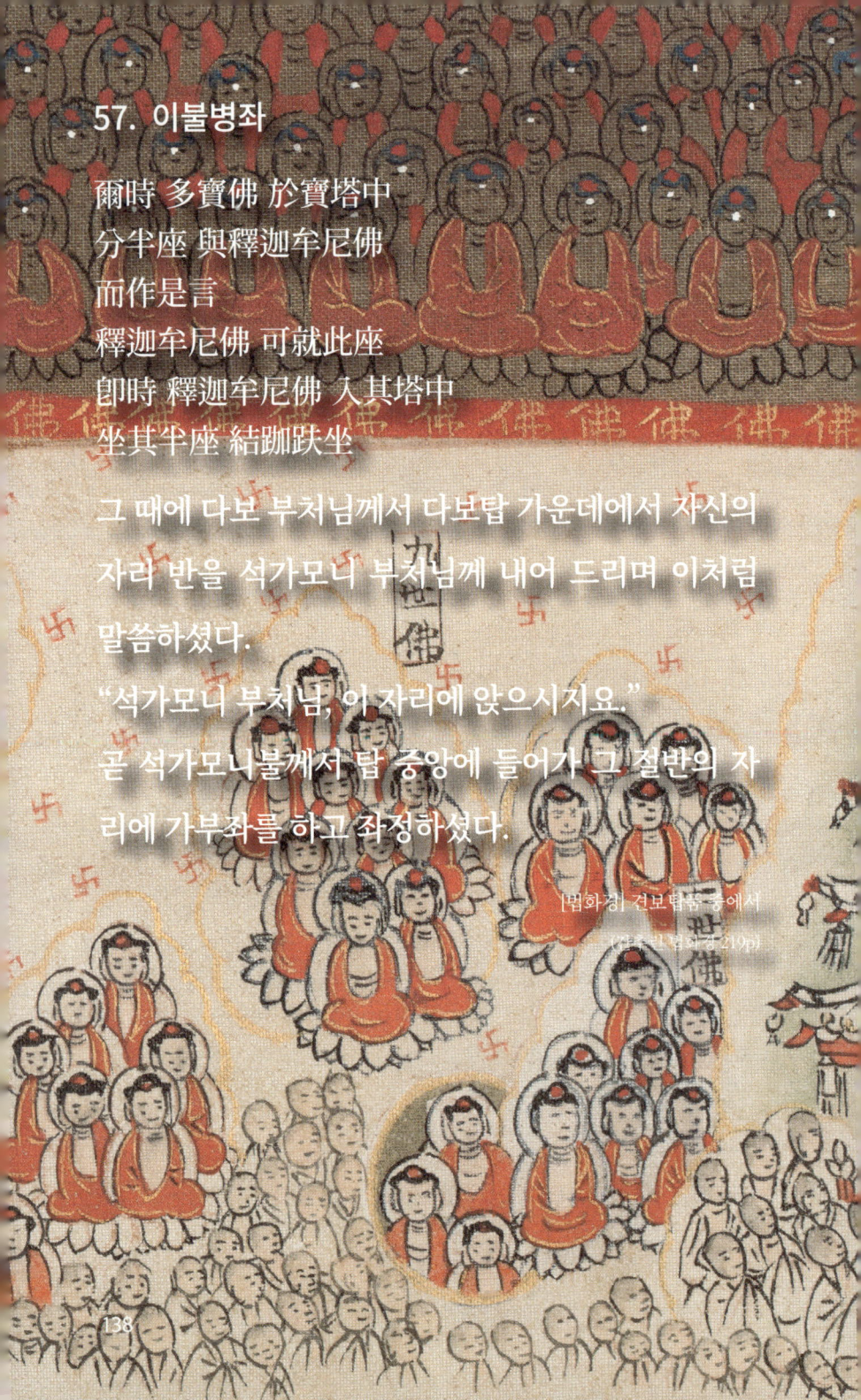

57. 이불병좌

爾時 多寶佛 於寶塔中
分半座 與釋迦牟尼佛
而作是言
釋迦牟尼佛 可就此座
卽時 釋迦牟尼佛 入其塔中
坐其半座 結跏趺坐

그 때에 다보 부처님께서 다보탑 가운데에서 자신의
자리 반을 석가모니 부처님께 내어 드리며 이처럼
말씀하셨다.
"석가모니 부처님, 이 자리에 앉으시지요."
곧 석가모니불께서 탑 중앙에 들어가 그 절반의 자
리에 가부좌를 하고 좌정하셨다.

[법화경] 견보탑품 중에서
(김춘희 법화경 219p)

© 작가 조이락, 만오천불도의 일부

58. 부처님의 명령

誰能於此 娑婆國土
廣說妙法蓮華經
今正是時 如來不久
當入涅槃 佛欲以此
妙法華經 付囑有在

"누가 능히 이 사바 세계에서 묘법연화경을 널리 설
하겠는가. 지금이 곧 그 때이니, 여래는 오래지 않아
응당 열반에 들 것이니라. 여래는 이 묘법연화경을
부촉할 곳이 있기를 바라노라."

[법화경] 견보탑품 중에서

(간추린 법화경 219p)

142

59. 법화경 유포의 사명

諸善男子 各諦思惟 此爲難事 宜發大願
諸餘經典 數如恒沙 雖說此等 未足爲難
若接須彌 擲置他方 無數佛土 亦未爲難
若佛滅後 於惡世中 能說此經 是則爲難

"모든 선남자들아 각자 깊이 생각할지니 이 일은 매우 어려워서 마땅히 큰 원을 세워야 하느니라.

다른 모든 경전 그 수 항하의 모래와 같아도 오히려 그 경들을 설하기는 그다지 어렵지 않고, 수미산을 잡아서 다른 방향으로 던지되 무수한 불국토에 그리 한다 해도 오히려 어렵지 않으나, 부처님께서 멸도하신 후에 악한 시대 중에 이 경을 설하는 것, 그것이 정말로 어려운 일이니라."

[법화경] 견보탑품 중에서
(간추린 법화경 223p)

제바달다품 - 안락행품

용녀현주도, 일본 헤이안 시대, 미국 메트로폴리탄 미술관

146

60. 지적보살의 질문

智積 問文殊師利言
此經 甚深微妙
諸經中寶 世所希有
頗有衆生 勤加精進
修行此經 速得佛不

지적보살이 문수사리보살에게 물었다.

"이 법화경은 매우 깊고 미묘하여 모든 경들 가운데에서도 보물이며, 세간의 희유한 바입니다. 어떤 중생이 부지런히 정진하여 이 경으로 수행하여 속히 부처를 이룰 수 있겠습니까?"

[법화경] 제바달다품 중에서
(간추린 법화경 233p)

용녀헌주도, 일본 헤이안 시대, 미국 메트로폴리탄 미술관

61. 법화경을 공부한 용왕의 딸

文殊師利言
有娑竭羅龍王女
年始八歲 智慧利根
善知衆生 諸根行業
得陀羅尼 諸佛所說
甚深祕藏 悉能受持
深入禪定 了達諸法

문수사리보살이 말하였다.

"사갈라 용왕의 딸이 있는데 여덟 살이나 지혜와 근기가 총명하여 중생의 모든 행동과 업에 대해 잘 알고 다라니를 얻어 모든 부처님들께서 설하신 깊고 미묘한 비밀한 법장을 능히 다 받아 지녔으며 깊은 선정에 들어 모든 법에 깊이 통달하였습니다."

[법화경] 제바달다품 중에서

(간추린 법화경 233p)

용녀헌주도, 일본 헤이안 시대, 미국 메트로폴리탄 미술관

62. 지적보살의 의문

智積菩薩言
我見釋迦如來 於無量劫 難行苦行 積功累德
求菩提道 未曾止息 觀三千大天世界 乃至無有
如芥子許 非是菩薩 捨身命處 爲衆生故
然後 乃得成菩提道 不信此女 於須臾頃 便成正覺

지적보살이 말하였다.

"내가 석가여래를 뵈오니 무량겁 동안 난행과 고행
을 통해 공덕을 쌓으셨으니 보리도를 구하는 데 잠
시도 쉼이 없으셨습니다.

삼천대천세계를 살펴 볼 때, 석가여래께서 보살이실
때 중생을 위해 목숨을 바치지 않았던 곳이 겨자씨
만큼도 없을 정도가 아닙니까?

그 후에야 깨달음을 이루셨거늘, 저 어린 여자 아이
가 잠깐 사이에 깨달음을 얻을 수 있다는 말을 도저
히 믿을 수 없습니다."

[법화경] 제바달다품 중에서
(간추린 법화경 235p)

용녀헌주도, 일본 헤이안 시대, 미국 메트로폴리탄 미술관

63. 용녀 헌주

爾時龍女 有一寶珠 價値三千大天世界
持以上佛 佛卽受之
龍女 謂智積菩薩 尊者舍利弗言
我獻寶珠 世尊納受 是事疾不
答言 甚疾
女言 以汝神力 觀我成佛 復速於此

그 때에 용왕의 딸에게 보배 구슬 하나가 있었는데 그 가치가 삼천대천세계에 버금가는 것이었다. 그것을 부처님께 바치니 부처님께서 곧 받으셨다. 용왕의 딸이 지적보살과 사리불 존자에게 말하였다.

"제가 드린 보배 구슬을 세존께서 받으셨는데 이 일이 빠르옵니까?"

(지적보살과 사리불이) 답하길 "빠르구나."

용녀가 말하길

"여러분의 신통력으로 제가 성불하는 걸 보십시오. 이보다 더 빠를 것입니다."

[법화경] 제바달다품 중에서
(간추린 법화경 237p)

용녀헌주도 일본 헤이안 시대(12세기), 히로시마 이쓰무시마 신사 소장. [헤이케 납경] 제12품 별두 삽화.

64. 용녀 성불

當時衆會 皆見龍女
忽然之間 變成男子
具菩薩行 卽往南方
無垢世界 坐寶蓮華
成等正覺 三十二相
八十種好 普爲十方
一切衆生 演說妙法

그 당시 회상의 무리들이 다 용왕의 딸을 보니 잠깐
사이에 남자로 변하여 보살행을 구족하더니 남방의
무구세계로 가서 보배 연꽃 위에 앉아 바른 깨달음
을 이루었다. 삼십이상에 팔십종호를 갖추어 시방의
일체 중생에게 널리 묘법을 설하였다.

[법화경] 제바달다품 중에서
(간추린 법화경 239p)

묘법연화경 제5권 변상도, 고려, 국립중앙박물관

65. 악한 시대의 비구들

惡世中比丘 邪智心諂曲
未得謂爲得 我慢心充滿
或有阿練若 衲衣在空閑
自謂行眞道 輕賤人間者

악한 시대의 비구들은 잘못된 지식으로 생각이 삐뚤어져, 얻지 못한 것을 얻었다 하며 아만심으로 충만할 것입니다. 혹은 산 속 암자에 있으면서 허름한 옷을 입고 한적한 곳에 있는 것을 진정한 도를 행하는 것으로 착각하면서 속세를 천하다 여길 것입니다.

[법화경] 권지품 중에서

(간추린 법화경 247p)

故 한석홍 기증. 국립문화재연구소

66. 법화행자의 태도

當於一切衆生 起大悲想
於諸如來 起慈父想
於諸菩薩 起大師想
於十方諸大菩薩
常應深心 恭敬禮拜

"마땅히 일체중생에 대해 대비심을 일으킬 것이며, 모든 여래에 대해 아버지라는 생각을 일으키고, 모든 보살에 대해 큰 스승이라는 생각을 일으켜서, 시방의 모든 대보살들을 항상 마음 깊이 공경하고 예배해야 하느니라."

[법화경] 안락행품 중에서

(간추린 법화경 259p)

67. 법화행자의 발원

應作是念
如是之人 則爲大失
如來方便 隨宜說法
不聞不知 不覺不問
我得阿耨多羅三藐三菩提時
隨在何地 以神通力智慧力
引之 令得住是法中

"마땅히 이와 같이 생각하라.

'이 사람들이 크게 잃어버린바 되었으니 여래께서
방편으로 사람들의 근기 따라 법을 설하셨음을 듣지
도 알지도 깨닫지도 묻지도 못하는구나.

내가 아뇩다라삼먁삼보리를 얻을 때에는 어느 곳에
있든지 신통력과 지혜의 힘으로 이들을 이끌어서 그
법 가운데에 머무르게 하리라.' "

[법화경] 안락행품 중에서

(간추린 법화경 261p)

© 작가 조이락, 왕의 상투 속 구슬의 비유, [간추린 법화경]

68. 계중명주의 비유

此法華經 是諸如來 第一之說
於諸說中 最爲甚深 末後賜與
如彼强力之王 久護明珠
今乃與之

"이 법화경은 모든 부처님들의 제일가는 설법이니 모든 설법들 가운데에서 가장 깊고 심오하여 맨 나중에 주는 것이니라. 마치 저 강한 왕이 오랫동안 보물 구슬을 갖고 있다가 이제야 주는 것과 같으니라."

[법화경] 안락행품 중에서

(간추린 법화경 267p)

종지용출품

양산 통도사 영산전 벽화 견보탑품

69. 타방에서 온 보살들

爾時 他方國土 諸來菩薩摩訶薩
過八恒河沙數 於大衆中起立
合掌作禮 而白佛言
世尊 若聽我等
於佛滅後 在此娑婆世界
勤加精進 護持讀誦
書寫供養 是經典者

그 때에 다른 방위의 국토에서 온 모든 보살마하살들이 여덟 항하강의 모래 수만큼 있었는데, 대중 가운데서 일어나 합장하며 예를 표하며 부처님께 사뢰었다. "세존이시여! 만약 저희들에게 부처님께서 멸도하신 후에 사바세계에 있으라고 하신다면 저희들이 부지런히 정진하면서 이 경을 받들어 지켜 읽고 외우며 베껴 쓰고 공양하겠습니다."

[법화경] 종지용출품 중에서

(간추린 법화경 269p)

양산 통도사 영산전 벽화 견보탑품

70. 육만 항하사의 보살들

止善男子 不須汝等
護持此經 所以者何
我娑婆世界 自有六萬恒河沙等 菩薩摩訶薩
一一菩薩 各有六萬 恒河沙眷屬
是諸人等 能於我滅後
護持讀誦 廣說此經

"그만두어라, 선남자들이여. 너희들까지 이 경을 보호할 필요는 없느니라.

왜냐하면 내 사바세계에는 육만 항하강의 모래 수만큼의 보살마하살들이 있고, 그 보살 하나하나는 각기 육만 항하강의 모래 수만큼의 권속들이 있느니라.

이들은 내가 멸도한 후에 능히 이 경을 보호하고 지키고 읽고 외워 널리 설할 수 있느니라."

[법화경] 종지용출품 중에서
(간추린 법화경 269p)

돈황 막고굴 23굴 벽화, 돈황석굴전집

71. 보살들의 종지용출

佛說是時 娑婆世界
三千大千國土 地皆震裂
而於其中 有無量千萬億
菩薩摩訶薩 同時湧出
是諸菩薩 身皆金色
三十二相 無量光明
先盡在此 娑婆世界之下 此界虛空中住

부처님께서 이 말씀을 하실 때에 사바세계의 삼천대
천국토의 땅이 전부 다 흔들리면서 갈라지더니 그
가운데에 무량한 천 만억의 보살마하살들이 동시에
솟아올라왔다.

이 모든 보살들은 몸이 다 금빛으로 삼십이상을 갖
추어 무량 광명을 내는데 이전에는 사바세계 아래
세계의 허공 가운데에 머무르고 있었다.

[법화경] 종지용출품 중에서

(간추린 법화경 269p)

72. 보살 대중의 상수 지도자

爾時 四衆 亦以佛神力故
見諸菩薩 遍滿無量 百千萬億 國土虛空
是菩薩衆中 有四導師
一名上行 二名無邊行
三名淨行 四名安立行
是四菩薩 於其衆中
最爲上首 唱導之師

그 때에 사부대중들도 부처님의 위신력으로 그 모든 보살들이 한량없는 백천만억 세계 허공에 가득함을 보았다.

그 보살들의 무리 가운데에 네 명의 도사가 있었는데 첫째는 상행이라 이름하였고 둘째는 무변행, 셋째는 정행, 넷째는 안립행이라 하였다. 그 네 보살들은 그 무리 가운데에서 가장 으뜸가는 최상수 보살로써 무리를 이끄는 자들이었다.

[법화경] 종지용출품 중에서

(간추린 법화경 273p)

돈황 막고굴 23굴 벽화, 돈황석굴전집

73. 미륵보살의 의문

爾時 彌勒菩薩 及八千恒河沙
諸菩薩衆 皆作是念
我等 從昔已來 不見不聞
如是 大菩薩摩訶薩衆 從地湧出
住世尊前 合掌供養 問訊如來

그 때에 미륵보살과 팔천 항하강 모래 수만큼의 모든 보살 무리들이 다 이처럼 생각하였다.

'우리들은 일찍이 이와 같은 일을 보지도 듣지도 못하였도다. 이처럼 많은 대보살마하살의 무리들이 땅에서 솟아나 세존 앞에 머물러 합장하고 공양하고 여래께 여쭙는 일을 보지도 듣지도 못하였다.'

[법화경] 종지용출품 중에서

(간추린 법화경 277p)

74. 미륵보살의 질문

是諸大威德 精進菩薩衆
誰爲其說法 敎化而成就
從誰初發心 稱揚何佛法
受持行誰經 修習何佛道

"이 모든 대위덕을 갖추고 정진하는 보살의 무리들을 누가 설법해주고 교화하여 이처럼 성취시켰나이까? 누구를 따라 처음 발심하였고, 어떤 부처님의 법을 일컬었으며 누구의 경전을 받아 지녀, 어떤 부처님의 도를 닦아 익힌 것입니까?"

[법화경] 종지용출품 중에서
(간추린 법화경 279p)

故 한석홍 기증, 국립문화재연구소

75. 모든 보살은 석가모니 부처님의 작품

我今於此大衆 宣告汝等
阿逸多 是諸大菩薩摩訶薩
無量無數 阿僧祇 從地湧出
汝等 昔所未見者
我於是娑婆世界
得阿耨多羅三藐三菩提已
敎化示導 是諸菩薩
調伏其心 令發道意

"내가 이제 이 대중과 너희들에게 고하나니, 아일다여, 이 모든 대보살마하살들 곧 땅에서 솟아난 무량 무수의 아승기의 보살들은 너희들이 일찍이 보지 못한 이들로 내가 사바세계에서 아뇩다라삼먁삼보리를 얻은 이후에 이끌고 교화한 이들이니라. 내가 이 모든 보살들이 그 마음을 조복 받아 진리 구하는 뜻을 내도록 하였느니라."

[법화경] 종지용출품 중에서
(간추린 법화경 281p)

76. 미륵보살의 의혹

世尊 如來
爲太子時 出於釋宮
去伽耶城不遠 坐於道場
得成阿耨多羅三藐三菩提
從是已來 始過四十餘年
世尊 云何於此少時 大作佛事

"세존이시여,

여래께서 태자이실 때에 석가족의 궁궐에서 나오셔서 가야성에서 멀지 않은 도량에 앉으셔서 아뇩다라삼먁삼보리를 성취하셨지만 그 때 이후로 40여 년밖에 지나지 않았습니다. 세존께서는 어떻게 그 짧은 시간에 이런 큰 불사를 이루셨습니까?"

[법화경] 종지용출품 중에서

(간추린 법화경 285p)

77. 거꾸로 된 노인과 아들의 비유

世尊 如此之事 世所難信
譬如有人
色美髮黑 年二十五
指百歲人 言是我子
其百歲人 亦指年少
言是我父 生育我等

"세존이시여, 이러한 일은 세간에서 믿기 어렵습니다. 비유하자면 어떤 머릿결이 곱고 검은 25살의 젊은이가 100세의 노인을 가리켜 "이는 나의 아들이다." 하는 것과 같고, 그 100세의 노인이 또한 젊은이를 가리켜 "나의 아버지이며 나를 낳아 길렀다." 하는 것과 같습니다."

[법화경] 종지용출품 중에서

(간추린 법화경 287p)

여래수량품

故 한석홍 기증, 국립문화재연구소

186

78. 여래의 진실한 말씀

爾時 佛告諸菩薩 及一切大衆
諸善男子 汝等當信解 如來誠諦之語
復告大衆 汝等當信解 如來誠諦之語
又復告諸大衆 汝等當信解 如來誠諦之語

그 때에 부처님께서 모든 보살과 일체 대중들에게 말씀하시었다.

"모든 선남자들이여, 너희들은 마땅히 여래의 진실한 말을 정성스레 듣고서 믿고 이해해야 하느니라."

또 다시 대중들에게 이르시었다.

"너희들은 마땅히 여래의 진실한 말을 정성스레 듣고서 믿고 이해해야 하느니라."

또 다시 대중들에게 이르시었다.

"너희들은 마땅히 여래의 진실한 말을 정성스레 듣고서 믿고 이해해야 하느니라."

[법화경] 여래수량품 중에서

(간추린 법화경 289p)

돈황 막고굴 23굴 벽화, 돈황석굴전집

79. 부처님을 향한 절대 신심

是時 菩薩大衆
彌勒爲首 合掌白佛言
世尊 唯願說之 我等 當信受佛語
如是三白已 復言
唯願說之 我等 當信受佛語

그 때에 보살대중이 미륵보살을 대표로 위시하여 합
장한 채 부처님께 사뢰었다.

"세존이시여, 오직 원컨대 설하여 주시옵소서. 저희
들이 마땅히 부처님의 말씀을 믿고 받아들이겠나이
다."

이처럼 세 번을 사뢴 뒤에도 또 다시 사뢰었다.

"오직 원컨대 설하여 주시옵소서. 저희들이 마땅히
부처님의 말씀을 믿고 받아들이겠나이다."

[법화경] 여래수량품 중에서

(간추린 법화경 289p)

80. 부처님의 무한한 수명

汝等諦聽 如來祕密 神通之力
一切世間天人 及阿修羅 皆謂今
釋迦牟尼佛 出釋氏宮
去伽耶城不遠 坐於道場
得阿耨多羅三藐三菩提
然 善男子 我實成佛已來
無量無邊 百千萬億 那由他劫

"너희들은 주의하여 들으라. 여래의 비밀과 신통의 힘을 들으라. 일체 세간과 하늘 사람 및 아수라들은 전부 다 지금 석가모니불이 석가족의 궁궐에서 나와서 가야성에서 멀지 않은 도량에 앉아 아뇩다라삼먁삼보리를 얻은 것으로 알고 있느니라.

그렇지만 선남자들이여 내가 실제 성불한 지는 벌써 무한하고 끝없는 백 천 만억 나유타 겁 이전이니라."

[법화경] 여래수량품 중에서

(간추린 법화경 291p)

81. 오백진점겁의 비유

譬如五百千萬億 那由他阿僧祇 三千大天世界
假使有人 抹爲微塵
過於東方 五百千萬億 那由他 阿僧祇國
乃下一塵 如是東行 盡是微塵
諸善男子 於意云何
是諸世界 可得思惟校計 知其數不

"비유컨대, 오백 천 만억 나유타 아승기의 삼천대천
세계를 가령 어떤 사람이 다 갈아서 티끌로 만들었
다고 하자. 그리고 동쪽으로 오백 천 만억 나유타 아
승기의 나라들을 지나가서 티끌 하나를 떨어뜨리되
이처럼 계속 동쪽으로 가면서 그 티끌들을 다 떨어
뜨렸다고 하자. 선남자들이여, 어떻게 생각하느냐.
이 모든 세계를 가히 생각으로 헤아리거나 그 수를
알 수 있겠느냐?"

[법화경] 여래수량품 중에서
(간추린 법화경 293p)

故 한석홍 기증, 국립문화재연구소

194

82. 부처님의 무한한 수명

諸善男子 今當分明 宣語汝等
是諸世界 若着微塵 及不着者
盡以爲塵 一塵一劫
我成佛已來 復過於此
百千萬億 那由他 阿僧祇劫

"모든 선남자들이여, 내가 분명히 지금 너희에게 말하노니

이 모든 세계 중 티끌이 떨어진 곳과 티끌이 떨어지지 않은 곳 모두를 다시 티끌로 만들어 티끌 하나를 1겁으로 친다 해도 내가 성불한 지는 그보다 더 오래되어 백 천 만억 나유타 아승기겁 이전이니라."

[법화경] 여래수량품 중에서

(간추린 법화경 295p)

83. 부처님의 방편설

諸善男子 於是中間
我說燃燈佛等
又復言其 入於涅槃
如是 皆以方便分別

"모든 선남자들이여, 그 동안에 나는 연등부처님과
다른 부처님에 대해 설하였으며 또한 그 분들이 열
반에 드셨다고 말하였으나 이는 모두 다 방편으로
분별한 것이니라."

[법화경] 여래수량품 중에서
(간추린 법화경 297p)

198

84. 여래는 중생을 위해 성불함을 보인다

諸善男子
如來 見諸衆生
樂於小法 德薄垢重者
爲是人說 我少出家 得阿耨多羅三藐三菩提
然我實成佛已來 久遠若斯
但以方便 敎化衆生 令入佛道

"모든 선남자들이여,

여래가 모든 중생을 볼 때 작은 법을 즐기고 공덕은

엷으면서 죄는 무거운 것을 보니 이러한 이들을 위

하여 내가 젊어서 출가하여 아뇩다라삼먁삼보리를

얻었다고 말하는 것이로되,

실제 내가 성불한 지는 이와 같이 오래되었느니라.

다만 방편으로 중생들을 교화하여 불도에 들게 하기

위함이로다."

[법화경] 여래수량품 중에서

(간추린 법화경 297p)

200

85. 여래는 삼계를 초월한다

所以者何 如來
如實知見 三界之相
無有生死 若退若出
亦無在世 及滅度者
非實非虛 非如非異
不如三界 見於三界

"왜냐하면 여래는 삼계의 모양을 진실한 그대로 보나니, 나고 죽는 것도 없고 물러나거나 나오는 것도 없고 세간에 있거나 멸도 하는 일도 또한 없으니, 참도 아니요 거짓도 아니며 같지도 않고 다르지도 않아 삼계와 같게 삼계를 보지 않느니라."

[법화경] 여래수량품 중에서

(간추린 법화경 299p)

86. 부처님이 멸도하시는 이유 (1)

所以者何 若佛久住於世
薄德之人 不種善根
貧窮下賤 貪着五欲
入於憶想 妄見網中
若見如來 常在不滅
便起憍恣 而懷厭怠
不能生難遭之想 恭敬之心

"왜냐하면 만약 부처님이 세간에 오래 머물면 박덕한 사람들이 선한 뿌리를 심지 않고 빈궁하고 하천하여 오욕락에 탐착하게 되어 억측과 망상의 그물에 들어가 잡히느니라. 만약 여래가 항상 있어서 불멸하는 것을 본다면 교만하고 방자한 마음이 문득 일어나서 방일하며 싫증을 내니 만나 뵙기 어렵다는 생각이나 공경하는 맘을 내지 않게 되느니라."

[법화경] 여래수량품 중에서

(간추린 법화경 301p)

ⓒ작가 조이락, 의사와 아들의 비유, [간추린 법화경]

© 작가 조이락, 의사와 아들의 비유, [간추린 법화경]

87. 부처님이 멸도하시는 이유 (2)

諸比丘 如來難可得見
斯衆生等 聞如是語
必當生於 難遭之想
心懷戀慕 渴仰於佛
便種善根 是故如來
雖不實滅 而言滅度

""모든 비구들아, 여래를 뵙기란 가히 어려우니라."
중생들이 이러한 말을 들으면 필시 만나 뵙기 어렵
다는 생각을 내나니 마음으로 연모하며 부처님을 갈
앙하게 되느니라. 그래야 선한 근본을 심게 되므로
그래서 여래는 비록 실제로 멸하지 않으나 멸도를
말하느니라."

[법화경] 여래수량품 중에서
(간추린 법화경 303p)

88. 여래는 상주불멸한다

我常住於此 以諸神通力
令顚倒衆生 雖近而不見
衆見我滅度 廣供養舍利
咸皆懷戀慕 而生渴仰心
衆生旣信伏 質直意柔軟
一心欲見佛 不自惜身命
時我及衆僧 俱出靈鷲山

"나는 항상 여기 머무르되 신통력으로써 생각이 전도된 중생들이 비록 가까이 있어도 보지 못하게 하니, 중생들이 나의 멸도를 보고 널리 사리에 공양하고 모두 사모하고 간절히 그리워하는 마음을 낸다면, 또 중생이 믿고 엎드리며 그 바탕이 곧고 뜻이 유연하면서 일심으로 부처님 뵙기를 원하여 목숨도 아끼지 아니한다면, 그 때 나와 비구들이 영취산에 출현하느니라."

[법화경] 여래수량품 중에서
(간추린 법화경 313p)

89. 여래의 정토는 영원하다

神通力如是 於阿僧祇劫
常在靈鷲山 及餘諸住處
衆生見劫盡 大火所燒時
我此土安隱 天人常充滿
園林諸堂閣 種種寶莊嚴
寶樹多花果 衆生所遊樂

"신통력이 이와 같아 아승기겁 동안 항상 영취산과 다른 모든 처소에 있으되 중생이 볼 때 겁이 다하여 큰 불이 탈 때에도 나의 정토는 안락하여 하늘 사람들로 충만하고 동산과 수풀 및 모든 집과 누각이 갖가지 보배로 장엄되었나니 보배 나무에 과실이 무성하여 중생이 즐거이 노니는 곳이니라."

[법화경] 여래수량품 중에서
(간추린 법화경 315p)

분별공덕품 - 상불경보살품

합천 해인사 영산회상도

90. 여래의 수량을 분별하는 공덕

爾時大會 聞佛說
壽命劫數 長遠如是
無量無邊 阿僧祇衆生 得大饒益
於時世尊 告彌勒菩薩摩訶薩
阿逸多 我說是
如來壽命長遠時
六百八十萬億 那由他 恒河沙衆生
得無生法忍

그 때 그 큰 회상에서 부처님께서 여래의 수명이 그처럼 영원한 겁수라 설하심을 듣고서는 한없고 끝없는 아승기 중생들이 크나큰 이익을 얻었다. 그 때 세존께서 미륵보살마하살에게 말씀하시었다.

"아일다야, 내가 여래의 수명이 영원하다 설할 때에 육백 팔 십 만억 나유타 항하사의 중생들이 무생 법인을 얻었느니라."

[법화경] 분별공덕품 중에서

(간추린 법화경 317p)

91. 온 우주가 환희함

佛說是 諸菩薩摩訶薩 得大法利時
於虛空中 雨曼陀羅華 摩訶曼陀羅華
以散無量 百千萬億 衆寶樹下 師子座上 諸佛幷散
七寶塔中 師子座上 釋迦牟尼佛
及久滅度 多寶如來
亦散一切 諸大菩薩 及四部衆

부처님께서 이렇게 모든 보살마하살들이 큰 법의 이익을 얻었다고 실하실 때에 허공 가운데에서 만다라 꽃과 마하만다라 꽃이 비처럼 내렸으며, 백 천 만억의 무한한 보리수 아래 사자좌 위에 앉아계신 모든 분신 부처님들 위로 흩날리었다. 또한 칠보탑(다보탑) 안의 사자좌 위의 석가모니불과 오래 전 열반하신 다보여래깨도 뿌려졌으며 모든 대보살과 사부대중 위로도 흩날리었다.

[법화경] 분별공덕품 중에서
(간추린 법화경 321p)

조이락, 진달래 꽃비 내리다의 일부. 2023

92. 여래 수명의 무한함을 믿는 공덕

阿逸多 其有衆生
聞佛壽命 長遠如是
乃至能生 一念信解
所得功德 無有限量
乃至算數譬喩 所不能知
若善男子善女人 有如是功德
於阿耨多羅三藐三菩提退者 無有是處

"아일다야, 어떤 중생이 여래 수명이 이처럼 장원하다는 것을 듣고서 단 한 생각만이라도 믿고 이해하는 데에 이른다면 그 얻는 공덕은 이루 헤아릴 수가 없느니라.

어떤 셈이나 비유로도 능히 알 수 없으리니 선남자나 선여인이 이와 같은 공덕이 있는 데도 아뇩다라삼먁삼보리에서 물러나는 일은 어디에서도 있을 수 없노라."

[법화경] 분별공덕품 중에서
(간추린 법화경 325p)

아미타팔대보살도 네즈미술관, 일본

218

93. 여래의 불국토는 장엄하다

阿逸多 若善男子 善女人
聞我說 壽命長遠 深心信解
則爲見佛 常在耆闍崛山 共大菩薩
諸聲聞衆 圍繞說法
又見此娑婆世界 其地琉璃
坦然平正 閻浮檀金
以界八道 寶樹行列

"아일다야, 만약 선남자나 선여인이 나의 수명 장원함을 듣고서 마음 깊이 믿고 이해한다면, 곧 부처님을 보게 될지니, 영축산에 여래가 항상 있어서 대보살들과 성문들에게 둘러싸여 설법하고 있는 것을 보게 되리라. 또한 저 사바세계가 그 땅이 유리로 되어 평평하고 고른 가운데 염부단금으로 그 팔도의 경계가 표시되어 보배 나무가 줄지어 늘어서 있는 걸 보리라."

[법화경] 분별공덕품 중에서

(간주린 법화경 329p)

219

94. 상불경 보살

正法滅後 於像法中 增上慢比丘 有大勢力
爾時 有一菩薩比丘 名常不輕
是比丘 凡有所見 若比丘 比丘尼 優婆塞 優婆夷
皆悉禮拜讚歎 而作是言
我深敬汝等 不敢輕慢
所以者何 汝等皆行菩薩道 當得作佛

"정법이 멸한 후 상법 시대가 되어 증상만 비구들이 큰 세력을 형성한 때가 있었는데 그 때에 한 보살이 있어 그 이름을 상불경이라 하였느니라. 항상 품은 견해가 있어 어떤 비구나 비구니, 우바새나 우바이를 보면 전부에게 다 예배하고 찬탄하며 이렇게 말하였으니

"난 진심으로 여러분들을 공경하여 감히 하찮게 여기지 못하니 왜냐하면 당신들은 전부 보살도를 행하여 응당 부처님이 되실 것이기 때문입니다.""

[법화경] 상불경보살품 중에서
(간추린 법화경 351p)

224

감지금니 묘법연화경 제6권 변상도 일부, 문화재청

95. 상불경 보살의 수기

衆人 或以杖木瓦石 而打擲之
避走遠住 猶高聲唱言
我不敢輕於汝等
汝等 皆當作佛

"무리들은 혹 지팡이나 나무, 기와나 돌을 던져 (그 보살을) 치기도 했는데 그걸 피해 멀리 달아나면서도 되려 큰 소리로 외쳐 이르되

"전 여러분들을 감히 가벼이 여길 수 없으니 여러분들은 전부 반드시 부처님이 되실 것입니다!""

[법화경] 상불경보살품 중에서
(간추린 법화경 353p)

223

감지금니 묘법연화경 제6권 변상도 일부, 문화재청

96. 상불경 보살이 법화경을 설하게 되다

是比丘 臨欲終時
於虛空中 具聞威音王佛
先所說 法華經
二十千萬億偈 悉能受持
卽得如上 眼根淸淨 耳鼻舌身意根淸淨
得是六根淸淨已 更增壽命

"이 (상불경보살) 비구가 목숨을 마칠 때가 되자, 허공 중에서 위음왕 여래께서 예전에 설하셨던 법화경이 들려와 그 이십 천 만억 게송을 다 능히 받아 지니게 되었으니, 곧 앞에서 말한 대로 눈이 청정해졌고 귀와 코, 혀, 몸, 뜻이 다 청정해져서 곧 6근의 청정함을 갖춰 그 수명이 늘어나게 되었느니라."

[법화경] 상불경보살품 중에서

(간추린 법화경 355p)

97. 상불경보살은 석존의 전생

得大勢 於意云何
爾時 常不輕菩薩 豈異人乎
則我身是
若我於宿世 不受持讀誦此經 爲他人說者
不能疾得 阿耨多羅三藐三菩提

"득대세 보살아, 어찌 생각하느냐. 그 때에 상불경보
살이 누구이겠느냐. 바로 나의 몸이었느니라.

만약 내가 그 과거의 시기에 이 법화경을 받아 지녀
다른 이를 위해 독송치 않았더라면 이렇게 빨리 아
뇩다라삼먁삼보리를 이루지 못했을 것이니라."

[법화경] 상불경보살품 중에서
(간추린 법화경 359p)

여래신력품 - 촉루품

Aputi, 여래설법도

98. 부처님의 무량광

(爾時世尊) 一切衆前 現大神力
出廣長舌 上至梵世
一切毛孔 放於無量無數色光
皆悉遍照 十方世界

(그 때에 세존께서) 모든 무리들 앞에서 크나큰 신통의 힘을 보이셨다.

넓고 긴 혀를 내시니 그 혀가 위로 범천 하늘에까지 이르렀으며 모든 털구멍에서 한량없는 무수한 빛깔의 광명을 발하셨으니 시방세계 전체를 다 밝게 비추었다.

[법화경] 여래신력품 중에서

(간추린 법화경 365p)

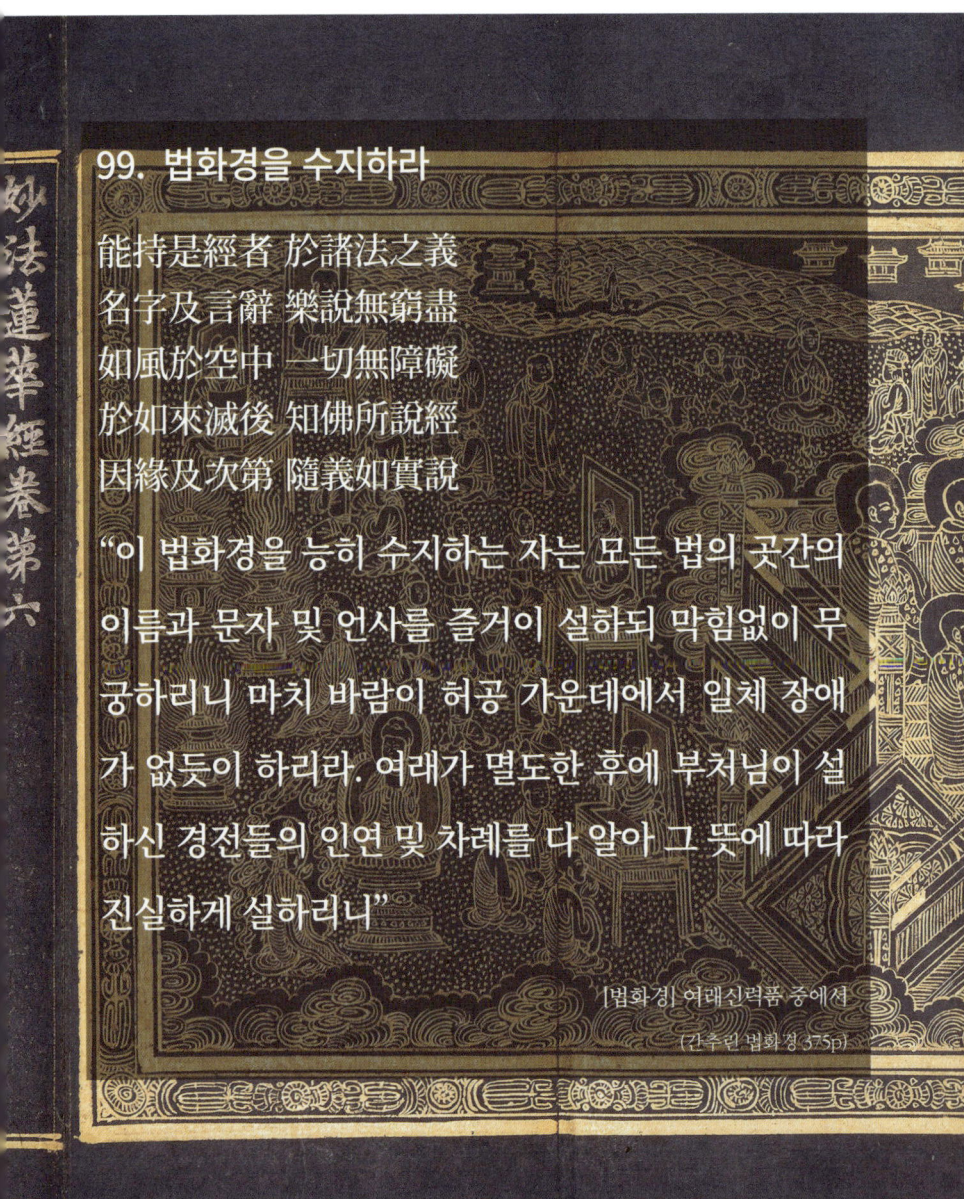

99. 법화경을 수지하라

能持是經者 於諸法之義
名字及言辭 樂說無窮盡
如風於空中 一切無障礙
於如來滅後 知佛所說經
因緣及次第 隨義如實說

"이 법화경을 능히 수지하는 자는 모든 법의 곳간의 이름과 문자 및 언사를 즐거이 설하되 막힘없이 무궁하리니 마치 바람이 허공 가운데에서 일체 장애가 없듯이 하리라. 여래가 멸도한 후에 부처님이 설하신 경전들의 인연 및 차례를 다 알아 그 뜻에 따라 진실하게 설하리니"

[법화경] 여래신력품 중에서
(간주린 법화경 375p)

232

100. 법화경을 부촉하시다

爾時 釋迦牟尼佛 從法座起 現大神力
以右手 摩無量菩薩摩訶薩頂 而作是言
我於無量百千萬億 阿僧祇劫 修習是難得
阿耨多羅三藐三菩提法 今以付囑汝等
汝等 應當一心 流布此法 廣令增益

그 때에 석가모니불께서 법좌에서 일어나시면서 큰
신통력을 보이셨으니 오른손으로 한량없는 보살마
하살들의 정수리를 한꺼번에 어루만지시며 말씀하
셨다.

"내가 한량없는 백 천 만억 아승기겁 동안 닦아 익
힌 이 얻기 어려운 아뇩다라삼먁삼보리의 법을 이제
너희들에게 부촉하노라. 너희들은 응당 일심으로 이
법을 펴서 널리 이롭게 하라."

[법화경] 촉루품 중에서
(간추린 법화경 377p)

234

감지금니 묘법연화경 제6권 변상도, 문화재청

묘음보살품 - 보현보살권발품

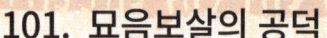

101. 묘음보살의 공덕

妙音菩薩 於萬二千歲
以十萬種伎樂 供養雲雷音王佛
拜奉上 八萬四千 七寶鉢
以是因緣果報 今生淨華宿王智佛國 有是神力

"그 때에 묘음보살은 만 이천세 동안 십만 가지의 악기로 운뢰음왕부처님을 공양하였으며 또한 팔만 사천 가지의 칠보 발우로 공양하였으니 그러한 인연과 과보로 지금 정화수왕지 부처님 나라에 나서 이 같은 신통력을 갖게 된 것이니라."

[법화경] 묘음보살품 중에서

(간추린 법화경 395p)

238

佛佛佛佛佛佛佛佛佛

239

© 작가 조이락, 만오천불도의 일부, 2017

102. 묘음보살의 삼매

世尊 是妙音菩薩 深種善根
世尊 是菩薩 住何三昧
而能如是 在所變現 度脫衆生
佛告華德菩薩
善男子 其三昧名
現一切色身

"세존이시여, 이 묘음보살이 가지가지 심은 선한 뿌리가 깊습니다. 세존이시여, 이 보살은 어떠한 삼매에 머물기에 이처럼 능히 변화신을 나타내어 중생을 건질 수 있는 것입니까?"

부처님께서 화덕보살에게 말씀하셨다.
"선남자여, 이 삼매의 이름은 현일체색신삼매이니라."

[법화경] 묘음보살품 중에서

(간추린 법화경 407p)

103. 관세음보살의 인연

善男子 若有無量
百千萬億衆生 受諸苦惱
聞是觀世音菩薩 一心稱名
觀世音菩薩 卽時
觀其音聲 皆得解脫

"선남자여, 만약 한없는 백 천 만억 중생이 온갖 고통을 받을 때에 관세음보살의 이름을 듣고 일심으로 그 이름을 부른다면 관세음보살은 즉시로 그 음성을 듣고서 그들을 다 고통에서 벗어나게 하느니라."

[법화경] 관세음보살보문품 중에서

(간추린 법화경 409p)

104. 관세음보살의 위신력

若復有人 臨當被害
稱觀世音 菩薩名者
彼所執刀杖 尋段段壞 而得解脫

"또 만일 어떤 사람이 응당 해를 입을 상황에 처하
였을 때에 관세음보살의 이름을 부른다면 상대방이
갖고 있던 칼이나 몽둥이가 곧 산산조각나리니 괴로
움에서 벗어나게 되느니라."

[법화경] 관세음보살보문품 중에서
(간추린 법화경 415p)

© 작가 조이락, 고려불화 수월관음도의 일부

105. 시무외자 관세음보살

是觀世音菩薩摩訶薩
於怖畏急難之中 能施無畏
是故 此娑婆世界
皆號之爲 施無畏者

"이 관세음보살마하살은 위급한 환난의 공포에서도 능히 두려움을 없애주나니, 고로 사바세계에서 모두가 관세음보살을 '두려움을 없애주시는 이' 라 부르느니라."

[법화경] 관세음보살보문품 중에서

(간추린 법화경 433p)

106. 법화경을 만나는 인연

若善男子善女人 成就四法
於如來滅後 當得是法華經
一者 爲諸佛護念
二者 植衆德本
三者 入正定聚
四者 發救一切衆生之心

"만일 선남자나 선여인이 네 가지 법을 성취하면 여래가 멸도한 이후에도 반드시 이 법화경을 만나리라.

첫째, 모든 부처님께서 보호하시고 생각하시는 바가 있어야 하며, 둘째, 덕의 근본을 많이 심어야 하고, 셋째, 흔들림 없는 바른 사람의 범주(정정취)에 들어야 하며, 넷째, 모든 중생들을 구제하려는 마음을 내어야 하느니라."

[법화경] 보현보살권발품 중에서

(간추린 법화경 463p)

107. 보현보살의 위신력

若法華經 行閻浮提 有受持者
應作此念 皆是普賢 威神之力
若有受持讀誦 正憶念 解其義趣 如說修行
當知是人 行普賢行 於無量無邊諸佛所 深種善根
爲諸如來 手摩其頭

(보현보살이 부처님께 사뢰길)

"만일 법화경을 사바세계에서 행하며 수지하는 자가 있다면 응당 그것이 다 보현보살의 위신력이라 생각해야 할 것입니다. 만일 이 경을 수지하고 독송하며 바르게 사유하여 그 뜻을 이해해서 취하여, 설하신 대로 수행하는 자가 있다면, 그 사람이 보현행을 행하고 있음을 마땅히 알아야 할 것입니다. 그 자는 한량없고 끝없는 모든 부처님 처소에서 선한 근본을 심은 자이니 모든 부처님들께서 손으로 그 머리를 쓰다듬어 주실 것입니다."

[법화경] 보현보살권발품 중에서

(간추린 법화경 473p)

252

108. 후오백세의 법화수행자

普賢 若如來滅後 後五百歲
若有人見 受持讀誦 法華經者
應作是念 此人不久 當詣道場 破諸魔衆
得阿耨多羅三藐三菩提
轉法輪 擊法鼓
吹法螺 雨法雨
當坐天人大衆中 師子法座上

"보현보살이여, 여래가 멸도한 후 오백세 뒤에 만일 이 법화경을 수지하고 독송하는 이를 본다면, 마땅히 생각하길 '저 분은 오래지 않아 응당 도량에 나아가 모든 마군의 무리를 물리치고 아뇩다라삼먁삼보리를 이루시겠구나! 법륜을 굴리시고, 법의 북을 울리시며 법의 나팔을 불고, 법의 비를 내리실 것이니 마땅히 하늘 사람들의 큰 무리 가운데 앉아 사자법좌 위에 앉으시리라!' 해야 할 것이니라."

[법화경] 보현보살권발품 중에서

(간추린 법화경 483p)

수월관음의 작가, 조이락

고려불화 재현은 붓으로 하는 수행

고려불화는 워낙 정교하여 그리는 과정에서 숨을 죽이고 집중하다 보면, 특히 수월관음도와 만오천불도 제작시의 경험으로, 한 획 한 획 긋다 보면 생각이 끊어지고 붓질 만 있되 나는 없는 상태가 되어, 그 붓이 나의 손을 끌고 가는 듯 붓을 따라가다 보면 어느새 그림 한 점이 완성이 되어 있다.

- 작가 노트에서

조이락은 부산에서 태어나 서양화가로 활동하던중, 1999년에 우연히 본 고려불화 수월관음도에 매료되어, 관세음보살님을 온전히 표현하리라는 원력을 세워 2000여장의 먹선 긋기(불화초 그리기)를 시작으로 불화의 세계에 입문했다.

용인대학교 대학원에서 고려불화와 유물재현으로 석사학위를 받고 정재문화재보존연구소에서 유물을 모사하는 기회를 가졌다. 11

번의 개인전과 30여회의 초대전 및 유물모사작업을 했다. 작품 소장
처는 국립중앙박물관, 서울역사박물관, 서울시청, 부인사, 백장암,
청련사 등이다.

 2015년 미국 La프록시 플레이스 갤러리에서 초대개인전으로「고려
불화 재현전」을 열어 많은 관심과 찬탄을 받았다.
 2017년 뉴욕한국문화재단의 초청으로 프러싱타운홀에서 열린「고
려불화 그 신비함과 화려함」전시에서는 수월관음도와 만오천불도,
아미타내영도 등 10여점의 작품을 걸었고, 수월관음도의 제작과정
시연으로, 고려불화 특징인 배채법과 채색법을 뉴욕에 처음으로 공
개하였다.
 2019년에 열린 티벳하우스 초청전「깨달음, 명상, 그리고 보살의
길」전시에는 수월관음도와 만오천불도 등 15여점의 고려불화 재현
작과 김경호선생의 사경을 티벳 탕카와 함께 걸었다.
 1920년 아트로직 스페이스, 21년 한옥갤러리, 마하보디 선원, 23년
무우수갤러리에서 초대, 기획전을 열었다

 조이락은 고려 시대 당시의 재료인 석채 사용과 고려불화의 중요
한 기법으로 조선불화에선 단절된 배채법(비단 뒤에서 색을 칠하여
깊이감과 색의 박락을 막는 효과)을 쓰는 등 철저히 고려시대 방식
을 고수하고 있다. 석채와 금니의 사용뿐만 아니라 어렵다는 공간의
깊이감 표현까지 잘해내고 있다. 특히 수월관음도는 유려한 표현과
화사한 색채와 깊이 있는 공간감으로 마치 유물 같다는 평을 듣고
있다.

 현재, 문화재수리기능자 제7148호(모사)와 제7547호(보존과학)이
며, 조이락 고려불화연구소를 열어 고려불화를 현대적 의미로 재해
석해서 표현하는데 주력하고 있다.

책속 대표작 설명

1.수월관음도 (246page)

일본 단잔진자(談山神社)소장의 수월관음도의 재현작품이다. 문수 보살의 지시에 따라 구도중인 선재동자가 보타락 산에서 관세음 보살의 가르침을 받는 내용을 그린 그림이다. 법화경 관세음보살보문품의 내용 중에서 재난으로부터 구제받는 모습이 그림 하단에 가는 금니선으로 묘사된 것이 특징이다.

2.만오천불도 (240page)

만오천불도는 유래가 없는 독특한 도상으로 알려진 불화이다. 신광을 상징하는 큰 원 안에 본존이 비스듬히 앉아 오른쪽 무릎을 감싸 안은 부처님의 모습은, 유유자적한 불화에서는 보기 드문 자세이다. 그림의 배경과 옷자락에 빼곡히 부처가 그려져 있어 마치 초미립자의 세계를 들여다 보는 듯하다.

작품 하단에는 법화경 견보탑품, 종지용출품의 광경이 그려져 있다. 다보탑에 이불병좌하신 석가모니부처님과 다보여래불을 중심으로 무수한 보살들이 출현한 모습을 그리고 있다. 가히 온우주의 불보살들이 영산회상에 모였음을 체험할 수 있는 그림이다.

3.자비의 손 (242page)

양류관음도에서 관세음보살님의 손만 부각하여 그린 불화. '양류관음'이란 말은 버들가지를 들고 계신 관세음보살님을 뜻한다. 조이락 작가는 양류관음도(일명 물방울 수월관음도)에서 자비의 손길을 더욱 부각시키기 위해 손 부분만 따로 떼어 그려내었다. 700여년 전 고려불화의 색채, 재료, 기법을 그대로 고수하면서도 서양화적 색채 감각과 참신한 구도가 인상적인 작품이다.

4.진달래 꽃비 내리다 (214~215page)

'만오천불도'를 기반으로 작업한 연작. 조이락 작가가 만오천불도 작업 당시 부처님의 백호와 육계에 수없이 많은 흰점과 붉은점을 찍던 중에 밖을 내다보니 벚꽃 잎이 바람에 흩날리며 떨어지고 있었다고 한다. 화실 앞 보도블록 위에 떨어진 꽃잎들이 마치 점점이 그려진 부처님의 모습 같았다고 한다. 이 때의 감동을 표현한 그림이다.

조이락 작품 소개

불화 목록

· **아미타내영도 (비단에 석채, 70×47cm, 2023)**
아미타불이 왕생자를 맞이하는 장면을 재현한 불화. 고려불화의 전통 기법을 충실히 따르면서도 현대적 감각으로 재해석하였다.

· **아미타삼존도 (비단에 석채, 110×74cm, 2006)**
아미타불을 중심으로 관세음보살과 대세지보살이 협시한 전형적 구도의 삼존불화. 정교한 채색과 금니 기법이 돋보인다.

· **수월관음도 (비단에 석채, 110×57.7cm, 2014)**
보타락산에서 선재동자를 맞이하는 관세음보살의 모습을 담은 작품. 고려불화의 장엄함과 현대적 해석이 어우러진다.

· **모자관음도 (비단에 석채, 159×94.5cm, 2021)**
관세음보살을 자애로운 어머니의 모습으로 형상화한 창작 불화. 관음태교로 중생들의 삶을 돌보시는 관세음보살님의 자비심을 담았다.

· **만오천불도 (비단에 석채, 125.5×62.5cm, 2017)**
우주적 차원의 불보살 회상을 표현한 독창적 도상. 화면 전체를 가득 메운 부처의 형상이 압도적인 장관을 이룬다.

· **꽃이 피다 (비단에 석채, 33×47cm, 2017)**
'만오천불도' 작업 중 흩날리던 벚꽃에서 영감을 받아 탄생한 작품. 꽃잎의 점묘적 형상을 통해 부처님의 모습을 떠올리게 한다.

· **진달래 꽃비 내리다 (비단에 석채, 41×51cm, 2023)**
바람에 흩날리는 진달래 꽃잎을 통해 불보살의 세계와 자연의 아름다움이 맞닿는 순간을 표현한 연작.

· **황금새 (비단에 석채, 29×42cm, 2015)**
극락세계의 황금빛 새와 나무를 형상화한 작품. 서정적 색감과 섬세한 필치로 극락의 풍경을 구현하였다.

· **황금꽃 (비단에 석채, 29×42cm, 2015)**
극락의 연못 위에 피어난 황금빛 꽃을 담은 불화. 금니 기법을 활용해 찬란한 이상향의 세계를 드러냈다.

책

도종환 산문집 [사람은 누구나 꽃이다] 드로잉 수록
[간추린 법화경] 법화칠유 삽화와 각종 불화 및 모자관음도 수록
[법화경종요] 원효 대사 영정 표지 작업
[법의꽃비 내리다] 법화경 필사집에 각종 드로잉 수록

연락처

이메일 : irak7@naver.com
인스타그램 : @irag.jo
관련검색어 : #고려불화뉴욕행사 #조이락작가 #고려불화재현작가
#모자관음도

특별 부록

21세기 붓다의 메시지

1) 일대사인연

부처님께서 사바세계를 찾아 사람 몸 받아 오시는 것은 봄철에 농부가 씨를 뿌리듯 불법이라는 정법의 씨앗을 뿌려두고자 함입니다.

우주가 성주괴공을 거듭할 때마다 우주의 주겁住劫 초에 사바세계를 많이도 찾아오셨습니다물론 다른 붓다님들도 오심. 부처님께서 그 극락 중의 극락을 떠나 인간 고해에 오신 깊은 뜻을 우리는 주목해야 합니다.

부처님께서는 2600년 전 인도 땅 북부 카필라국 정반왕의 아들로 다시 이 땅에 오셨습니다. 수많은 중생의 구제를 위해 불법을 사바에 뿌리내리는 대역사를 펼치시기 위해 오셨습니다. 그리고 삼악도 중생을 건지고, 인연 깊은 많은 착한 이들이 아라한과를 증득하여 윤회생사에서 벗어나도록 하시기 위한 큰 원력 때문에 오셨습니다. 바로 이것이 부처님의 대자비이십니다.

인간 세계는 생노병사 등 4고苦 8고苦가 있는, 근심·걱정과 불안·공포 등 괴로움이 도사리고 있는 늪이자 고통의 바다입니다. 아무리 전생에 복을 많이 지은 이라 하더라도 인신을 받아 오게 되면 괴로움에서 자유로울 수 없는 것이 사실입니다. 그런데도 이 고해를 왜 부처님께서 찾아오신 줄 아십니까?

부처님이 이 세상에 오셔서 불과를 이루시기까지는 말로 다 할 수 없는 가시밭길의 수행이 있었습니다. 당신께서는 사바에 오실 때 왕궁으로 탁생하셔서 왕위가 보장된 태자의 자리를 헌신짝처럼 버리고, 온갖 부귀영화도 마다하고 설산에 들어가 수행하셨습니다. 사의四依 걸식, 분소의, 수하좌, 진기약에만 의존하는 출가 행걸行乞 사문의 생활을 선택하셨습니다. 모든 세속의 욕망을 내던지셨습니다. 다만 죽지 않는 큰 법法, 완전한 대열반을 성취하고자 위대한 방기放棄를 감행하셨습니다.

우리들은 이러한 커다란 방기를 하지 않고서는 결코 생노병사의 윤회고를 뛰어넘을 수 없습니다. 예수님이 십자가에서 온 인류의 원죄를 속죄하기 위해 대신 못 박혀 죽었다고 하듯이그러나 예수는 인류의 원죄를 대속하기 위해 죽음을 선택한 것은 아니었다, 부처님께서 중생고를 대신하여 스스로 선택한 그런 죽음도 한두 번이 아니었습니다. 마침내 6년 간의 뼈를 깎는 수행으로 위없는 바른 진리아뇩다라삼막삼보리를 깨쳐 부처님이 되셨습니다.

부처가 되면 당신의 지복의 몸해탈신을 생노병사 우비고뇌가 없는 극락의 극락, 환희의 세계에 둔다고 했습니다. 빛무량광으로 이루어진 몸이기에 그 적멸 환희의 절대계에 영원히 있을 수 있는 것입니다. 윤회생사에서 완전히 벗어나 버립니다. 삼계에서의 완전 탈출입니다.

다시 말씀드리지만 왜 부처님은 한두 번도 아니고 여러 번을 이 사바세계를 찾으셨겠습니까? 불과를 이룬 붓다가 인연 중생을 구제하고자 사람 몸을 받아올 때 거기 절대계의 불신佛身은 놔두고 오지만, 다시 불과를 이룰 때까지는 일정기간 난행·고행의 구도자의 삶, 사의四依의 수행이 요구되는 것입니다. 이런데도 부처님께서 종종 사바세계에 몸 받아 오신 것은 앞에서도 말했지만 그것은 오직 고통 받는 윤회고의 중생을 건지고자 하시는 대자대비심 때문입니다. 이것을 일대사인연이라 하는 것입니다.

중생은, 사람들은 업을, 죄惡업을 짓고 삽니다.

사람들은 어리석어 자기 욕심 채우려고 갖가지 업을 짓고 삽니다. 탐진치 삼독의 번뇌로 업을 짓습니다. 그리고 지옥 등 삼악도로 떨어집니다. 인과의 법칙kama법칙은 진리입니다. 지옥은 필설로 그릴 수 없는, 불과를 증한 붓다라 하더라도 차마 눈 뜨고 볼 수 없는 극심한 형벌을 받고 있는 세계입니다. 이 지옥이 실제로 있습니다. 그런데 사람들은 이를 모릅니다. 아니 말을 해도 믿질 않습니다.

간단히 말해서 부처님께선 어리석은 중생들에게 죄를 짓지 말라는 메시지를 전하기 위해서 사바에 몸 받아 오십니다. 지옥이 있고 아귀 세계도 있고 축생의 몸을 받기도 합니다. 죄를 지으면 그곳으로 떨어 져 무서운 고통을 받기 때문에 인연·인과의 이법을 말씀해 주고자 오 십니다.

한편 하늘 종자들에게는 육도윤회를 벗어나 니르바나열반의 세계에 날 수 있는 길을 가르쳐주고자 오시는 것입니다. 그러기 위해서는 다 시 붓다가 되어 완전한 지혜와 자비, 만능자재하신 절대자적 인격을 갖춰야 하는 것입니다. 그리고 중생을 향해 죄악을 범하면 악도에 떨 어진다는 법설을 하십니다. 설득력 있게 고구정녕히 가르쳐 믿음이 가도록 해주십니다.

세상一切有爲法은 꿈夢이요, 환영幻影이며, 이 몸뚱이 역시 믿을 것이 못되는, '나'도 아니고 '내 것'도 아님을 철저히 일러주십니다. 이것들 에 대한 집착을 여의고 팔정도로 수행해서 삼매를 얻으면 성중 아라 한이 되어 열반에 들 수 있음을 법설하시는 것입니다.

-[21세기 붓다의 메시지 2편] 3장 중에서

2) 성중 ⇒ 보살 ⇒ 붓다

윤회를 벗어난 해탈오계解脫悟界로는 크게 성중 아라한의 세계, 무 루대아라한의 세계, 서방극락 정토 보살의 세계, 약사정토 보살의 세 계, 붓다의 무아 속 절대계가 있습니다. 성중 아라한 이상, 정토보살 그리고 삼신을 갖춘 붓다를 해탈성자라고 합니다. 그러나 아라한과 보살, 보살과 붓다의 각 지위 간에는 천지현격의 차이가 있습니다.

공부를 잘하고 수행을 잘해서 깨달음을 얻었거나선불교에 대한 고언, 이 미 깨달았다면 이제부터가 더욱 중요합니다. 특히 여자 관계異性關係 를 주의해야 합니다. 불음계를 파하는 것은 부처님과 법을 능멸하고

263

모독하는 대망어의 과보만큼이나 무섭습니다.

또한 나 없는 수행, 곧 두타행으로 나아가야 합니다. 본성本性을 깨달은 후 보림을 잘해 업장을 정화한다면 아라한이라는 성과를 얻어 윤회생사를 뛰어 넘습니다. 아라한은 영원히 인간의 몸을 받고 싶지 않으면 안 받게 되며, 윤회를 벗어나 해탈의 세계에 태어납니다. 아라한의 극과가 무루대아라한대아라한입니다. 인간은 여기까지가 한계입니다. 부처님께서 그렇게 말씀하십니다.

아라한에서 보살부처님께서는 보살 8지不動地 이상을 보살이라 하심로 올라가려면 타력이 필요합니다. 무엇보다도 부처님에 대한 신심입니다. 부처님의 절대하신 위신력, 곧 가피력이 요구됩니다. 돌아가신 부모님, 형제, 가까운 직계·방계영가가 지옥이나 축생계에 남아있어도 보살과를 얻기 어렵습니다.

보살이 되려면 물론 보살행을 많이 해야 하며 효孝가 필요조건이 됩니다. 그리고 ≪아함경≫≪금강경≫≪법화경≫≪화엄경≫≪부모은중경≫ 등의 부처님 경전을 독송하고, 부처님께서 일러주신 몇몇 다라니를 암송하면 더욱 좋습니다. 그러면서 일심불란 칭명염불이 되어 깊은 삼매에 들어야 보살지에 들 수 있습니다. 보살위에 이르면 보다 깊은 삼매에 들도록 더욱 정진해 가야 합니다.

보살지에 이르면 성불은 보장되어 있다고 보셔도 됩니다. 여기까지 도달하면 불퇴전입니다. 아라한을 뛰어넘어 보살지菩薩地에 오른 성자는 서방 극락정토에 왕생합니다. 중국 당唐의 현장 삼장법사와 일본의 일련日蓮 선사, 한국에도 잘 알려진 베트남의 틱낫한 스님, 대만 불광산사의 회주 성운 스님 등은 모두 극락정토에서 온 보살입니다.

한국이 낳은 원불교의 대종사 소태산과 숭산 행원 큰스님도 극락에 왕생한 보살입니다. 그리고 현재 경기도 평택의 모 비구니 스님, 세계를 돌아다니며 보살행을 하고 있는 한국의 어느 비구 스님, 이곳 현지사의 무량 비구니比丘尼 스님 역시 정토에서 온 보살입니다.

보살에서 붓다가 되려면 다시 백천만리도 더 가야 합니다. 다만 보신부처님을 만나 무량광으로 영체작업을 통해서 억겁토록 익혀온 나쁜 습과 기氣, 천만 생 동안 내려오면서 신구의身口意 삼업으로 지은 업장아직 과보를 받아야 할 업, 악연惡緣, 원결怨結, 삼독 번뇌의 뿌리, 이 모두가 소멸되어야만 나我와 우주가 일체一體로 계합하는 것입니다. 여기가 붓다의 경계입니다. 붓다가 되면 법·보·화 삼신을 구족해서 우주와의 완전무결한 계합을 이루니 대열반이요, 대해탈인 것입니다. 이것은 우주아宇宙我의 실현이기도 합니다. 그래서 영원히 죽지 않는 무량수無量壽가 되는 것입니다.

-[21세기 붓다의 메시지 1편] 8장 중에서

3) 삼신불

청정법신 비로자나불은 저 하늘에 떠 있는 태양과도 같이 언제나 삼천대천세계를 두루 비추고 있습니다.

대우주아이며 변조偏照 광명체입니다. 청정법신 비로자나불은 석가모니부처님의 법신체이며 진불眞佛이시고 삼계 모든 붓다의 법신체이십니다. 청정법신 비로자나부처님은 인격적 존재는 아니지만 여기에 보신불이 계합하게 되면 우주적인 인격체가 됩니다.

어떤 우주적인 작업을 하실 때 청정법신 비로자나부처님께서 뜨십니다. 예를 들어 사바세계에 겁에 하나 애제자가 처음 불과를 이루어 응화신이 되어 있을 때는 삼계의 수많은 붓다님이 그 비로자나부처님 몸속으로 드십니다. 가히 상상할 수 없는 우주적인 작업이 이루어집니다.

저 유명한 당唐의 이통현李通玄 장자는 〈신화엄경론〉에서 비로자나불은 모든 부처님의 총명總名으로, 대지大智의 광명체라고 했습니다. 상당한 안목眼目이 아닐 수 없습니다.

허공 가운데 떠 있는 태양은 구름이 끼거나 비가 오는 날에는 가려져 안 보일 수도 있으나, 부처님의 청정법신 비로자나불은 언제나 온 법계를 두루 비추고 계십니다. 희유하고 부사의합니다.

붓다님들은 빛으로 일체처 일체시에 아니 계신 곳 없기 때문에 법신 개념에서 볼 때 천수천안이 문제가 아니며 가고 오고 하는 그런 존재도 아닙니다. 무소종래無所從來온 바가 없다이며 역무소거亦無所去간 바가 없다입니다. 삼천대천세계 우주 자체가 바로 붓다의 몸입니다.

모든 붓다님은 무아 속 절대계에 당신들의 법신불청정법신불을 두십니다. 대적정삼매에 계시면서 한 걸음도 당처를 이탈하지 않으시고 각기 자기 국토의 중생을 위해 원만보신으로 나투어 그들을 교화하십니다.

법신 이야기는 이쯤에서 멈추고 중심이 되는 보신붓다의 초월적 인격체에 대해 말씀드리겠습니다.

보신은 '지복至福의 몸'이라 하겠습니다. 지혜와 복덕을 완전 구족하고 미래제가 다하도록 진락眞樂을 누리기에 그런 이름을 붙일 수 있습니다. 청정법신불, 곧 '전 우주적인 몸'이 육체적인 형태를 띠고 경험 세계 속에 반영된 몸이 바로 보신報身입니다. [1]

부처님붓다의 몸보신, 곧 불신은 거듭 말씀드리지만 엄청난 광도를 지닌 대지의 광명 빛으로 이루어집니다. 붓다님들께서 마음대로 이용하실 수 있는 이 불가사의한 빛은 우주 본성의 빛自性光이 아니라 우주와 온 법계 모든 빛의 본원광本源光입니다.

중생이 불신을 본다면 즉시 가루가 되고 말 것입니다. 마치 100볼트 전구에 수십억 볼트 고압이 들어와 산산이 부서지듯 말입니다. 그래서 붓다들은 32응신化身으로 나투어 중생을 교화하시는 것입니다.

불신報身은 사바세계에 변화신으로도 오십니다. 변화신이란 불과

1　여래如來의 밀장密藏으로서 극히 오묘한 현리玄理이다. 상적광세계의 청정법신 비로자나불로부터 현신現身하는 원만보신佛은 연화장세계에 자리하고, 또 그곳에서 경험 세계로 내려오는 불신佛身은 본불本佛의 변화신變化身이다.

를 이룰 대수행자 곁에 와서 온전한 붓다 이루도록 도와주기 위해 여러 방편으로 나투시는, 혹은 인연 있는 중생을 제도하기 위해 보이게끔 형체를 띠고 나타난 몸을 가리킵니다. 원만보신불본불께서 외형만 변장한 모습이 변화신이므로 화신과는 다른 개념입니다. 문수보살을 예로 들어보겠습니다.

그 분은보살명은 문수,Mañjuśrī 무수 아승기겁 전에 불과를 이루신 이래 7번이나 사바세계에 오셔서 붓다가 되신, 지혜와 변재가 뛰어난 부처님이십니다. 현재까지 알려진 문수보살님의 불호는 '용종정지존왕불', '대신불', '보상불', '승선불', '환희장마니보적불' 등이며, 미래세 언젠가 보견현불로 성불하십니다. 지금 중국 오대산청량산에서 1만 보살을 교화하고 계시지만, 주로 영산불교 현지궁에 주하십니다. 가끔 동자와 사자의 분신을 지어 현신하시기도 합니다.

문수보살의 변화신은 회색 두루마기에 하얀 동정, 대삿갓을 쓰셨으며 등에는 괴나리봇짐, 손에는 지혜의 칼을 들고, 발에는 버선에 행전과 짚신을 신으신 것이 특징입니다.

화신化身은 보신불께서 중생교화를 위해 나투시는 붓다의 몸입니다. 보신은 필요하다면 백천만억 화신을 내십니다. 그리고 붓다가 사람 몸을 받아 날 때가 있는데 그 사람 몸을 응화신이라고도 합니다.

-[21세기 붓다의 메시지 1편] 10장 중에서

4) 부처님께서는 스승 없이 스스로 최초불이 되셨습니다

나 아난 자재 만현, 불과를 이룬 붓다로서 우리 교주 불세존이 어떤 능력을 갖추셨는지에 대해 진술하게 말씀드리고자 합니다.

우주가 시작도 없이 생성되고 파괴되기를 무수히 반복하는 동안 지금으로부터 천만억 나유타 아승기겁 전에 우주에는 두 위대한 수행자가 있었습니다. 그 수행 목적은 영겁토록, 영원히 죽지 않는 법을 성취해서, 일체의 고苦가 멸진한, 완전한 열반에 드는 일이었습니다.

급기야 그 두 분 중 우리 부처님께서만이 이 큰 일을 해내셨습니다. 인류 역사상 최초로 무상정등정각을 이루시고 불신三身을 갖추신 부처님이 되셨습니다. 대적정삼매에 들어 불가사의한 무량억종광을 발명, 당신의 불신 곧 청정법신과 보신報身을 일구어 내는데 성공하셨다는 말입니다. 이는 실로 경천동지할 일이었습니다. 이 불신의 부사의 함은 색계의 대범천왕이나 여러 욕계 하늘왕들이 미래제가 다하도록 사유한다해도 이를 알 수 없고, 더더욱 불신을 얻는 일이란 꿈에도 불가능하답니다.

부처님은 아무리 찬탄한다해도 부족할만큼 거룩하시고 희유하신 그러한 지존이십니다. 이 점이 끝없는 원력과 사랑, 자비, 우주적인 구원의 힘을 지니신 부처님께 우리가 귀의하고 마땅히 칭명염불해야 하는 이유인 것입니다.

다른 한 분의 수행자는 아직까지도 불신을 얻지 못하고, 철학사상으로 볼 때 불교 다음가는 종교의 수장으로 욕계하늘 54품 위쪽 하늘왕이 되는데 그쳤습니다. 지금 현재도 그 꿈을 버리지 못하고 수행 중에 있답니다.

부처님의 몸佛身을 이루고 있는 무량억종광은 온 우주를 원자만한 입자로 압축이 일은 불가능하지만했을 때나 얻을 수 있는 그런 불가사의한 '빛 아닌 빛'입니다. 초천문학적인 광도光度와 강도强度, 열, 속도, 힘을 가진 빛으로서 부처님의 몸을 이루고 있습니다. 부처님께서는 대적정삼매를 자유자재로 들 수 있기에 천만억 서로 다른 색깔의 무량광을 이용, 그 무한한 힘으로 중생의 업장을 소멸할 수 있고, 극락세계와 같은 정토를 창조할 수 있으며, 우주 온 법계를 생성할 수도 있습니다.

욕계 54품 외도하늘 수장이나, 크리아kriya 요가를 완성한 파탄잘리 Patanjali, 그리스도 바바지2000년 이상 죽지 않고 사는 히말라야 초인, 1권 16장 각주)28 참조, 예수Jesus 등이 필요할 때 몸에서 낼 수 있다는 10억 와트watt는 물질 1g을 에너지로 전환하였을 때<E=mc2>, 8만3천 세대의 월간 전력의 1/90 정도입니다. 우리 교주 불세존의 불신이 낼 수 있는 에너지는 얼마나 될 것이라고 보십니까? 우리 부처님께서는 온 우주만한 질량을 모두 에너지화化 할 수 있습니다. 가히 놀랄 일이 아닐 수 없습니다.

이러한 무한 능력을 갖추고 계시므로 가령 우주법계의 모든 외도들이 일시에 합하여 공격해 온다 하더라도 부처님께서는 찰나에 억종광의 빛을 내어 그들을 포위, 온도를 수천억으로 끌어 올려 조여들게 함으로써 항복을 받아 내실 수 있고, 중생의 지중한 업장무간지옥에 갈을 소멸하실 수 있는 가히 상상할 수 없는 그런 위신력을 지니십니다. 부처님은 전 우주의 본체와 계합이 되셨기에우주의 이법 자체가 되심 우주를 창조한 하나님은 없지만 그 이상의 전지하시고 만능 자재하심을 나 아닌 자재 만현은 조금도 보태지도 빼지도 않고 증언하는 바입니다. 이 놀라운 부처님의 위대하시고 희유하신 우주의 주로서의 위상을 만천하에 선언합니다.

또한 부처님께서는 일찍이 무량겁 이래로 지금까지최초 성불하신 이래로 조금도 흐트러짐 없이실로 삼천위의 팔만세행으로 살아 오셨고, '미안하게 됐다. 죄송하다.'는 그러한 허물까지도 지은 적 없으셨으며, 한번 말씀하신 것은 이를 결코 바꾸지 않으셨고, 물론 약속한 것은 반드시 지키셨답니다. 이 얼마나 거룩하시고 희유하신 어른이십니까?

'부처님을 마음'이라거나, '마음이 곧 부처心卽是佛'라 하거나 부처님은 없다하는 이러한 법설은 진실을 외면하고 중생을 오도하는 대망어大妄語가 되어 극무간지옥에 간다는 것을 분명히 해둡니다.

부처님께서는 천만 생을 일찍이 발보리심하여 악을 짓지 않으시고, 착한 사람 되어 지혜롭게 사셨습니다. 특히, 세상에서 제일가는 효행을 한 생이 수도 없이 많았습니다. 오직 멸도하지 않는 법을 증득하기 위하여 무아의 이타행으로 사셨습니다. 삼계의 모든 중생들 가운데 태어나실 적마다 그 인생의 성적표는 항상 '수'였습니다. 인간으로서도 너무나 순수하고 완전하신 분이셨습니다.

천마, 용신을 막아 주고 깊은 삼매로 이끌어 주시는 부처님을 만나야 불과를 이룰 수 있는 것인데, 큰 스승 없이 우주 인류 최초로 부처가 되었다는 것은 삼계 지존의 자질을 갖추지 않고서는 불가능한 일이라 아니할 수 없습니다.

화두타파깨달음하는 일도 눈 밝은 스승의 지도 없이는 안 되는 것입니다. 하물며 아라한이 되고, 보살이 되는 일은 부처님 같은 큰 스승 없이 혼자서는 불가능한 것입니다. 그런데 부처님께서는 스승 없이 불과를 이루어 내셨습니다.

스스로 우주의 이법, 자연의 섭리와 인연·인과의 법칙카르마법칙을 알아서 지혜롭게 육근을 제어하여 팔정도 수행으로 선정에 들고, 깊은 삼매에 들어 자신과의 싸움에서 승리할 수 있었습니다. 다시 말하지만 부처님께서는 처음 불과를 이루실 때까지 무수한 생生을 십선도로, 팔정도로, 보살행으로 향상만을 이어 갔다는 것입니다.

다른 종교의 교주들은 팔정도가 아닌 수행으로 공의 자리마음자리까지는 갔다가 곁길로신통으로 빠져 하늘54품 세계 내원 깊숙이 들어가는데 그치고, 우리 정법 문중에서 보살의 상락아정의 세계에는 발도 들여 놓지 못했습니다.

이렇듯 우리 교주, 불세존 석가모니부처님께서는 다만 혼자의 노력으로 수많은 생을 보리를 구하시면서 지혜를 키워가셨습니다. 자력으로 아라한이 되고 보살과를 얻고 마침내 보살도가 완성되어 스승도 없이 최초불이 되신 것입니다. 법·보·화 삼신을 구족한 부처님이 되셨습니다. 무아행으로, 깊은 삼매력으로 자기 부처佛를 창조한 것입니다. 이 사건은 우주 역사 전체를 통틀어, 순수한 자력으로 인류의 영적 진화의 최정점에 최초로 도달한 우주적 쾌거임에 틀림없습니다. 부처님의 위대하심은 바로 여기에 있습니다.

상적광 절대계의 무량억종광이라는 '빛 아닌 빛의' 주인이 되셔서, 그

빛으로 32상의 거룩한 색신보신불을 일구어 내셨습니다. 바로 이것은 부처님께서 다겁생을 두고 개발한 위대한 반야 지혜와 대적정삼매의 결과물이었습니다.

억겁을 두고 나 없는 무아행으로 보리를 일구어 지혜를 완성하고 백천 삼매를 얻고, 이타행, 보살행을 쌓아 완성함으로써 마침내 거룩하신 삼신三身佛을 갖춘 부처님이 되셨습니다. 온 우주 법계의 주主가 되신 겁니다.

빛 중의 빛인 무량억종광과 하나됨으로써 적멸과 합일할 수 있게 되었습니다. 우주 본체인 공空의 빛Ayin sof Aur_원초의 자성의 빛 광명을 흡수, 우주와 한 몸이 되었습니다. 이제 필요하다면 현상계 나아가 적멸계 곧 상락아정의 니르바나 세계, 온 법계까지도 창조하고 파괴도 할 수 있는 진정한 우주의 주主가 되신 것입니다. 전지하시고 만능자재하신 부처님이 되신 것입니다. 있다 없다를 초월한 상적광세계 청정법신 안에 당신의 불신을 두셨습니다.

-[21세기 붓다의 메시지 2편] 3장 중에서

5) 붓다님들은 무아 속 절대계에 32상 빛의 몸으로 계신다

나는 지난 2005년 5월에 발간한 ≪21세기 붓다의 메시지Ⅰ≫에서 억겁의 수행과 무량겁 동안에 복덕을 짓고 탐진 삼독, 오욕의 뿌리를 뽑고 다겁생의 업장과 악惡·습기習氣를 녹이고 부처님의 위신력에 따라 대적정삼매를 통과해서 불과佛果를 증하신 수많은 붓다님들이 무아 속 절대계에 32상相 빛의 몸으로 계신다는 사실을 세상에 선포한 바 있습니다.

깊은, 아주 깊은 삼매를 통해 발견한 것입니다. 진실로 소중한 발견이었습니다. 그리고 그 붓다님들은 필요에 따라 경험세계에 원만보신을 나투시어 32응신과 천만억의 화신化身을 내어 항하사恒河沙의 신통력으로 삼계三界의 인연중생을 교화,제도하신다는 법설도 함께 덧붙인바 있습니다.

내 진심으로 사랑하는 독자 여러분!

모든 붓다님들은 무아 속 절대계에다 억종광億種光으로 이루어진 자기 부처佛身를 두고 있습니다. 그 불신佛身의 모습은 자비·단엄端嚴하고 광휘光輝가 찬란합니다. 부처님의 능력은 아라한, 보살이 행할 수 없는 항하사의 묘용을 행사합니다. 백천삼매·대적광靜삼매에 자유자재하며 미래제가 다하도록 멸도滅度할 수 없습니다.

"……넓고 긴 혀를 내시어 위로 범천 세계에 이르게 하시고, 일체 터럭 구멍으로는 한량없고 수없는 빛깔의 광명을 놓으사 시방세계를 두루 다 비추시었다."

- ≪법화경≫〈여래신력품〉

라고 말씀하신 바와 같이 절대계에 계시는 붓다님들은 천만억 나유타 빛깔 광명으로 이루어져 있습니다. 5가지, 7가지 색깔이 아니라 천만억종種의 색깔로 이루어져 있습니다.

≪화엄경≫에서 이를 "백천억 묘한 빛깔 광명……"이라 하고, ≪법화경≫에서는 "한량없고 수없는 빛깔의 광명"이라 하고 있습니다. 그러면서도 끝없이 방광해도 무량하기가 불가사의 합니다. 삼천대천세계를 다 감싸고도 남을 정도랍니다. 그래서 무량광이라 합니다. 이 빛의 특징은 초고광도超高光度의 빛으로서 안과 밖이 드러난다는 것입니다. 그리고 백천억 묘한 빛깔 광명으로서 빛깔 하나하나가 서로 다른 역능力能이 있습니다.

불佛은 곧 진리요, 우주 자체입니다. 우주 삼라만상은 빛의 영상映像에 지나지 않습니다. 이 세계는 빛이라고 하는 궁극적 실체, 공空에서 나온 환영幻影인 것입니다. 모든 물체의 본질은 빛입니다. 따라서 모든 붓다는 우주와 온 법계를 창조할 수도 있는 능력을 지닙니다.

모든 붓다들은 이 삼천대천세계에 백천만억의 자기 화신化身을 낼 수 있습니다. 넓고 긴 혀를 내어 위로 범천 세계에 이르게 할 수도 있습니다. 나는 이러한 경천동지할 부처님의 위신력을 거듭, 오늘을 사는 인류 모두에게 알리고자 하는 바입니다.

-[21세기 붓다의 메시지 2편] 5장 중에서

6) 관세음보살

관세음보살은 무량겁 전에 불과를 이루셨고 붓다 이름이 '정법명왕' 입니다. 무아 속 절대계에 법신을 두시고 원만보신을 나투어 극락세계에 아미타 부처님의 좌보처로 계십니다.

동시에 관세음보살은 남섬부주 중생을 교화하시려 자모慈母자비로운 어머니의 모습으로 와 계십니다. 머리엔 아미타불을 정대한 화관을 쓰시고, 목엔 영락을 두르시고 하얀 실크드레스 같은 옷에 가끔은 버들가지를 드신 백의관음의 모습이십니다.

남섬부주에 와서 불과를 이룬 붓다의 대법회에 가끔 현신하셔서 천수천안1천의 화신을 나투실 때도 종종 있으며 이때에도 백종오색광명을 놓아 축복해 주십니다. 32응신을 나투시어 불법과 인연있는 불자들을 교화해 서방 극락정토로 인도하시기도 합니다.

관세음보살의 좌보처는 해상용왕과 남순동자가 아닙니다. 큰 부처님이시기에 불격을 갖추신 최상수보살인 해수관음과 육관음이 좌우보처가 됩니다. 해수관음은 여인상이지만, 육관음은 때에 따라 여섯 몸으로 나투시는 남자상입니다.

〈불정심관세음보살모다라니〉 진언은 해수관음 진언이며, 육관음 진언은 '옴 마하 가로니가 사바하'로서 부사의한 힘이 있음을 전합니다.

따라서 관세음보살은 지금 불가佛家에서 일반적으로 인식하고 있는 일생보처一生補處 보살이 아니라 이미 붓다를 이룬 부처님으로 바로 잡습니다.

-[21세기 붓다의 메시지 1편] 9장 중에서

7) 왜 관음태교인가?

관음태교는 바로 위와 같은 우리 삶에 대한 심오한 통찰과 과학적인 논리 위에 서있는 새로운 차원의 태교법입니다. 세계 최초로 공개하는 영혼체 중심의 근본적 태교법입니다. 선진국의 어떤 훌륭한 태교법과도 비교할 수 없는 차원 높은 태교법입니다. 이것이 바로 우리가 관음태교를 해야 할 이유입니다. 이제 좀 더 자세히 알아보겠습니다.

첫째, 관음태교는 관세음보살님께서 직접 현지사 큰스님께 부촉하신, 가장 믿을 수 있는 태교법입니다. 어느 날 자재 만현 큰스님께서 깊은 삼매에 들어 있을 때, 관세음보살님께서 현신하셔서 《법화경》〈관세음보살보문품〉의 관음태교 관련 내용은 부처님께서 직접 하신 말씀이라고 확인해 주셨습니다. 그리고 관음태교 방법을 알려 주시면서 널리 보급할 것을 부촉하셨습니다. 지금 시작해도 결코 늦지 않다고 말씀하셨습니다. 세상에서 이 이상 더 믿음이 가고 더 좋은 태교법이 어디 있겠습니까?

둘째, 관음태교는 태아의 본체인 영혼체를 정화함으로써 천재적 두뇌와 성현의 인품을 가진 인재로 길러낼 수 있는 전인적全人的 태교법입니다.

사람의 선악의 행위는 모두 영혼체에 반영이 됩니다. 동영상처럼 찍혀서 영혼체에 업으로 저장이 된다고 보면 됩니다. 악업惡業을 많이 지어 영혼체가 심하게 오염되어 있으면 불행한 삶을 살게 되고, 선업善業을 많이 지어 영혼체가 깨끗하면 건강하고 행복한 삶을 살 수 있습니다.

 그런데 보통 우리 인간의 영혼체에는 다겁생을 살아오면서 지은 악업이 태산같이 쌓여 있습니다. 특히, 악업은 인간에게 온갖 고통을 주는 주범으로서 업장業障이라고 합니다. 따라서 태아의 영혼체에 붙어 있는 이 업장을 씻어 주고 소멸시켜 영혼체가 깨끗해져야만 지혜와 복덕이 증장되고 인품도 좋아지며, 행복한 삶을 살 수가 있습니다.

 그러므로 태교의 본질은 바로 이 영혼체의 업장을 정화시켜 주는 것입니다. 영혼체의 업장을 정화하는 일은 오로지 큰부처님만이 할 수 있습니다. 현지사에 상주하시는 관세음보살님께서 바로 이런 작업을 해 주십니다. 그러므로 관음태교는 관세음보살님의 위신력으로 영혼체를 정화시켜 천재적 두뇌와 성현의 인품을 가진 인재로 길러낼 수 있는, 인간 완성을 지향하는 전인적全人的 태교법입니다.

 셋째, 관음태교는 훌륭한 태아 영혼체를 잉태할 수 있게 인연을 맺어 줍니다.

 태아의 영혼체는 네 갈래 정도의 경로를 통해 인연 있는 미래의 부모를 찾아오게 되고 부부관계 시 모태로 들어와 수정이 이루어집니다. 첫째 경로는 가장 흔한 경우로서 지옥·아귀·축생의 과보를 다 받고난 후 사람의 몸을 받아 오는 것입니다. 둘째는 천상 세계에서 수명복,福이 다하여 인간의 몸을 받아 오는 경우입니다. 셋째는 무주고혼귀신으로 있다가 사람의 몸을 받아 오는 경우입니다. 넷째는 드물지만 해탈성자가 원에 의해 몸을 받아 오는 경우입니다. 이는 대체적으로 훌륭한 성현의 삶을 살아갈 것이 예상되는 경우입니다.

 부모 될 사람이라면 누구나 해탈 성자나 머리 좋고 건강하고 성품이 훌륭한 사람으로 성장할 태아 영혼체와 인연 맺기를 바랄 것입니다. 그런데 예비부모들은 태아 영혼체와 다양한 확률로 부모—자식이 될 인연을 갖고 있습니다. 그대로 둔다면 당연히 가장 확률이 높은 인연을 가진 태아 영혼체가 들어올 것입니다. 그러나 관음태교를 잘하여 관세음보살님의 가피를 받게 되면, 인연이 될 수 있는 많은 영혼체 중 가장 훌륭한 영혼체를 골라서 보내 줄 수 있습니다.

실제로 관음태교를 하고 있는 많은 분들이 이런 가피를 받고 있습니다. 현지사의 '관음태교 1호' 아이는 2010년 1월에 태어난 어느 착한 부부신도의 딸 아이인데 이름도 현지顯智로 지었습니다. 관세음보살님께서 인연을 맺어 주신 아이입니다. 너무나 영특하고 총명하며, 예쁘고 사랑스럽게 생겼습니다.

이 아이의 과거생은 《금강경》을 비롯한 여러 경전에서 대표적인 청법 대중의 사례로 인용되고 있는 영산 당시 부처님 제자 1,250인 중의 한 명이었습니다.

부처님께서는 대반열반에 드시기 전에, 제자들의 법위를 심사하여 1번에서 1250번까지 높은 법위부터 시작하여 차례로 부여하셨는데, 성중1~27품에서 보살까지 다양하게 걸쳐 있습니다. 관음태교를 하면 이런 성자 영혼체와 인연을 맺을 수 있습니다. 지금 관음태교 2호, 3호, 4호, 5호 …… 아이가 계속 나오고 있습니다.

넷째, 관음태교는 행복한 가정, 건전한 사회, 그리고 국가 미래를 위한 인재 양성의 지름길입니다.

관음태교는 잉태 전 태교를 강조합니다. 그러므로 관음태교는 '좋은 배우자 찾기'에서부터 시작됩니다. 특히 결혼 전의 젊은 남녀들이 좋은 배우자 만나기를 원한다면 관음태교를 통해 그 꿈을 이룰 수 있습니다. 그리고 좋은 태아 영혼체와도 인연을 맺을 수 있습니다. 이것은 행복한 가정을 보장하는 토대가 됩니다. 또한 관음태교를 하는 부모도 태아와 함께 업장이 씻어지고 영혼체가 정화되어 행복한 삶을 살 수 있습니다. 당연히 가정이 행복해 집니다.

뿐만 아니라 미혼의 많은 젊은 남녀들이 관음태교를 하여 영혼체가 깨끗해지면 인격이 높아지고 윤리의식이 강해지면서 모범적인 사회 생활을 하게 됩니다. 절대로 나쁜 길로 빠질 염려가 없습니다.

도덕적으로 퇴폐해지고 특히, 성 윤리가 문란해진 요즈음 사회에서 이런 젊은이들이 많이 나온다면 우리 사회는 더욱 건전한 사회가 될 것입니다. 그리고 영혼체가 깨끗해 진 아이는 총명하여 커서 공부도 잘하고 착한 사람이 될 것이므로 특별히 부모님들이 과외·학원 보내고 대입에 목매는 그런 부담도 훨씬 줄어들 것입니다.

관음태교는 또한 머리 좋고, 유능하고, 인품이 훌륭한 지도자를 길러 내는 국가 인재양성 태교법입니다. 천연자원이 부족한 우리나라가 의지할 것은 오로지 인적 자원뿐입니다. 관세음보살님께서 지금도 늦지 않았으니 관음태교를 널리 보급하라고 하신 뜻은, 관음태교를 통해 지금부터라도 인재를 양성하면 머지않아 세계의 지도국이 될 수 있다는 관세음보살님의 사랑과 배려가 담긴 희망의 메시지가 아닌가 생각됩니다.

관음태교를 하는 방법

관음태교를 하는 방법은 기본적으로 칭명염불과 같습니다. 말하자면 염불태교입니다. 다만 발원할 때는 태교에 관한 내용을 중심으로 하면 됩니다. 결혼 전에는 원하는 상의 배우자와 인연되게 해 주고, 원하는 태아를 잉태되게 해 달라는 내용이 중심이 되겠고, 결혼 후 잉태 전에는 원하는 태아를 잉태하게 해 달라는 발원을 중심으로 하면 되겠습니다. 그리고 잉태 후에는 태아 업장소멸과 부모가 원하는 아이로 성장하게 해 달라는 내용이 중심이 될 것입니다. 물론 어느 경우에나 본인의 업장소멸 발원은 들어가도 좋습니다.

경전, 다라니, 염불을 모두 하는 염불태교는 매일 정해진 시간에 정기적으로 하는 것이 가장 좋고, 관세음보살을 부르는 염불은 언제 어디서나 많이 할수록 좋습니다. 특히 잉태 후에는 배를 쓰다듬어 주면서 '관세음보살, 관세음보살……' 하면서 수시로 발원해도 좋습니다.

염불태교와 함께 태아에게 부처님과 여러 붓다님의 게송이나 법문, 부처님의 가르침 등을 들려주는 태담태교를 병행하면 더욱 좋습니다. 이 염불태교의 방법을 출산 후에도 계속 활용하여 영유아교육으로 발전시켜 나가는 것은 대단히 바람직스러운 일입니다. 염불태교를 하는 방법은 다음과 같습니다.

① 관세음보살님께 3배 - 귀의·참회108 참회문 봉독 등
② ≪법화경≫〈관세음보살보문품〉 1독
③ 불정심관세음보살모다라니5,15,25,32,50,108독 중 택일
나모라 다나다라 야야나막 알야 바로기제 새바라야 모지 사다바야 마하 사다바야 마하가로 니가야 다냐타 아바다 아바다 바리바제 인혜혜 다냐타 살바다라니 만다라야 인혜혜 바리마수다 못다야 옴 살바작수가야 다라니 인지리야 다냐타 바로기제 새바라야 살바돗따 오하야미 사바하.
④ 발원
발원할 때는 자신의 주소·생년·이름을 고하고 간절한 마음으로 한다.
⑤ 관세음보살 칭명20~30분
나무 보문시현 원력홍심 대자대비 구고구난 관세음보살
　관세음보살……
구족신통력 광수제방편 시방제국토 무찰불현신 고아일심귀명정례
⑥ 관세음보살님께 3배

한국의 어머니들에게

관음태교와 관련하여 우리 어머니들에게 꼭 당부드리고 싶은 말씀이 있습니다. 관음태교는 아이와 가정의 행복은 물론, 우리나라의 미래를 짊어지고 나갈 국가 만년대계의 인재 양성 태교법입니다. 어머

니들의 순간의 선택이 우리 아이들의 평생과 영원한 미래를 좌우할 수 있습니다. 우리 어머니 한 분 한 분에게 나라의 미래가 달려 있습니다.

관음태교는 우리 어머니가 자식에게 베풀 수 있는 최대의 사랑이고 은혜입니다. 이제 자녀교육에 대한 우리 어머니들의 헌신과 열정을 관음태교의 실천과 보급으로 돌려주시기 바랍니다.

한국의 어머니들은 관음태교를 보급하고 실천하는 위대한 어머니가 되기를 바랍니다. 모유 먹이기와 자연분만을 실천하는 지혜로운 어머니가 되기를 바랍니다. 불법적인 낙태를 절대로 하지 않는 착한 어머니가 되기를 바랍니다. 아이 둘 이상 낳기 시책에 적극 호응하는 애국적인 어머니가 되기를 바랍니다.

-[21세기 붓다의 메시지 1편] 특별부록 중에서

법의꽃 피어나다
그림과 함께 보는 법화경 암송집

초판 1쇄 발행 2025년 9월 15일

원역자_구마라즙 법사
편역자_권희재
그린이_조이락

펴낸곳_나무지혜 | 출판등록 2022년 10월 20일 제2022-000073호
주소_서울시 은평구 연서로 34길 11-1 은평창업지원센터
전화번호_010-3509-6513
팩스_0504-252-6513
전자우편_behindname@naver.com

인쇄_세진인쇄

가격_25,000원
ISBN_979-11-981484-4-5 (03220)